雄星から「YUSEI」へ

Hi everyone. My name is Yusei Kikuchi of the Seattle Mariners. I'm very happy to be here. Today is very special day for my family and I. Thank you for my family and amazing wife Rumi, my friends, my high school coach and my mentor Mr. Sasaki for supporting me every day. Playing in the big league has been a dream of mine since I was 15 years old. Thank you Seibu Lions for letting me go on and lead my dream. The Mariners ownership, Mr. Dipoto and Mr. Service, thank you for this new journey. And to my new teammates, I can't wait to meet you guys soon. Thank you.

【雄星の米国第一声(日本語訳)】

こんにちは、皆さん。私の名前はシアトル・マリナーズの菊池雄星です。ここ(シアトル)に来られて大変うれしい。今日は私と私の家族にとってとても特別な日です。家族と素晴らしい妻である瑠美、友人たち、高校時代の監督で指導者である佐々木洋先生に、日々支えてくれたことを感謝したい。大リーグでプレーすることは、15歳の頃からの夢でした。西武ライオンズには、大リーグ行きの選択や夢の追求を許してくれたことを感謝したい。マリナーズのオーナーやディポトGM、サービス監督には、この新しい旅(の機会)を感謝したい。(マリナーズの)チームメートには、お会いするのが楽しみで仕方ないと言いたい。ありがとうございます。

あの涙から10年、彼は夢を諦めなかった

文◉村上弘明

I want to enjoy every single thing.（すべてのことを楽しみたい）―。

菊池雄星投手のマリナーズ入団会見に胸が熱くなった。まさかの英語での自己紹介と質疑応答。最初は「雄星、英語なんて話せるの?」と半笑いで眺めていたニュース映像に、やがて心をわしづかみにされた。決して流暢ではない。使った英単語も簡単なものばかりだが、だからこそ努力の跡が鮮明に浮かんだ。喜びと希望に満ちた言葉は軽やかに弾み、一層強烈にメジャーへの一途な思いを伝えた。

ある日、突然英語を話せるようになるわけがない。英語での意思疎通を目指し、何年もかけて準備してきた。プロ野球西武時代は外国人選手に積極的に話しかけ、一緒に釣りに出掛けるなど会話力を磨いてきたという。

きっと会見前夜には自己紹介を日本語で考え、英語に訳し、必死で覚えたのだろう。不安や緊張もあったはずだ。表現はこれでいいのか、発音はどうだろうと。英語が堪能な妻瑠美さんや通訳に相談したのかもしれない。「すべてのことを楽しみたい」と語った通り、会見準備も全力投球。ドキドキしながらシアトルの夜明けを待ったに違いない。

うれしくて楽しくて仕方ない。高校

'Hi, everyone, my name is Yusei Kikuchi'

M's newest pitcher introduces himself, and does so in English

The Seattle Times
SPORTS
MEN'S BASKETBALL>SEATTLE U RIDES HOT START INTO WAC OPENER>C2

M's sign lefty starter Kikuchi of Japan

MARINERS' RETOOLING TAKES INTRIGUING TURN

1.背番号18のユニホームを手に記念撮影に応じる雄星（右から2人目）と（左から）スコット・サービス監督とジェリー・ディポトGM＝2019年1月3日（現地）、Tモバイルパーク　2.メジャー挑戦の舞台となるマリナーズの本拠地Tモバイル・パーク　3.雄星のマリナーズ入団を報じる地元紙シアトル・タイムズ

YUSEI KIKUCHI
菊池雄星
the starting point
原点

1年時から12年越しでメジャー挑戦の夢をつかんだ男は、あふれる情熱を自らの言葉で証明した。覚悟、誠意、気概。米国メディアは単なる英会話力を賞賛したのではなく、彼のチャレンジスピリットと、どこまでも真っすぐな人柄に賛辞を惜しまなかったのだろう。

この瞬間をどれだけ待ち焦がれていたことか。２００９年秋、米国８球団と国内全12球団が「雄星詣で」を展開したドラフト狂騒曲。18歳の若者が高校卒業後、大リーグに挑戦したい気持ちがあると表明しただけなのに、「日本の逸材流出」「プロ野球の空洞化」と危機感ばかりが過熱報道され、心ないバッシングの嵐が吹き荒れた。

ドラフトで指名しない国内球団まで面談に訪れ「日本球界に残ってほしい」と訴える始末。プロ野球の「メンツ」を懸けたヒステリックな騒動に巻き込まれた雄星は、ドラフト会議直前に涙を浮かべて大リーグへの憧れをいったん封印し、プロ野球に進むことを宣言。あの時の強ばった表情が今も脳裏に焼き付いている。

あの涙から10年、彼は決して夢を諦めなかった。

夢を見続ける力が人生を変える。

重い扉をこじ開け、雄星は「ＹＵＳＥＩ」になった。

1

ありのままの雄星デビュー

【米シアトルで岩手日報特派員・斎藤孟】マリナーズ入りが決まった菊池雄星が2019年1月3日(現地時間)にシアトルの本拠地球場Tモバイル・パークで行われた入団記者会見で磨いてきた語学力を披露した。高校生の時から夢を追い続け、ようやくスタートラインに立った。新たな挑戦への高揚感、野球少年の素顔、笑顔とユーモアたっぷりの回答。ありのままの雄星がメジャー「デビュー」を飾った。

約50人の報道陣に英語で自己紹介。高校の後輩の大谷翔平(エンゼルス)も自己紹介は英語だったが、雄星は地元記者からのほとんどの質問に英語で答えた。

投打の「二刀流」の大谷を意識した「打席に立ちたいか」との質問には「Focus on my pitching(投球に集中したい)」と即答し、会場の笑いを誘った。英語でユーモアを交えながら対応する日本人ルーキーに米メディアも驚いた様子で「これまでの日本人選手とは違う」と称賛した。

読書家で勉強熱心な雄星。文化や環境の違いに興味を示し、いろんなことを直接吸収したいとの思いから、移動時間などを使って少しずつ英語を勉強してきた。

その理由を「超一流の選手たちとプレーするので、せっかくだから自分の英語で世界一の舞台に立っている選手と話をしてみたい」と説明する。

高校1年で抱いたメジャー挑戦の夢。同3年時のドラフト前には日米20球団と面談の末、大リーグの夢をいったん封印し、日本のプロ野球を選んだ。

西武でのプロ9年間は「いろんな壁に当たった」と語るように人間関係や故障で苦しんだ時期もあった。それで

1.現地記者の質問に英語で答える雄星（右から2人目）　2.喜びに満ちた表情で会見場に姿を現した雄星　3.夕日に映えるマリナーズの本拠地シアトルの市街地　4.会見場には地元メディアをはじめ多くの報道陣が駆けつけた　5.会見を見守る父雄治さん（右）と母加寿子さん　6.会見で笑顔を見せる雄星

も自分を信じて壁を乗り越え、誰もが認める球界のエースに成長した。

夢への挑戦を忘れずに地道に努力を続ける。野球だけでなく、語学力も磨いてきた人間性こそ雄星の魅力だ。

米大リーグでの目標について「技術的にも精神的にも人間的にも大きくなるところを見せたい」と語った雄星。背番号18がとても大きく見えた。

日本人にとって特別な18番

—新天地への意気込みは。

「まずは自分の持っているものをしっかり出せることが一番。変えていかないといけないところが出てくるが、うまく早く適応するのが結果を出す上で大切になる」

—メジャーを志した経緯は。

「イチローさんをはじめ、たくさんの日本人選手が世界で活躍するのを見て努力をしっかり積み重ねれば、いつか世界の舞台で活躍できるという夢を抱いた」

—会見では英語でも返答した。

「聞き苦しい下手くそな英語で申し訳なかった。いつか世界一の舞台に立っている選手たちと英語で話をしてみたいという思いは高校時代からずっと持っていたので、少しずつ勉強してきた」

—日本のファンへ。

「9年間プレーしたが、けがもあったし、いろんな壁にぶち当たった。結果が出ないときも応援してもらい、本当に感謝の気持ちが一番強い」

—花巻東高の佐々木洋監督への思いは。

「まず、佐々木監督に対しては高校1年生の目標設定をする時に呼ばれて、メジャーを一緒に目指そうという話をしていただいたのを覚えている。それが15歳の時でそれから12年、結果が出ない時、プロに入ってからも連絡したり、会いに行ったりして、励ましてもらって、やっとその12年前の夢がかなって本当にうれしく思う」

—背番号「18」を選んだ理由は。

「18番は日本人選手にとって特別な番号。過去歴代、日本でもメジャーリーグでも偉大な投手がつけてきた番号をいつか背負いたいなと思ってきたので選ばせてもらった」

—新たな夢は。

「米国でプレーする中で、技術的にも精神的にも人間的にも大きくなるところをまず見せられるようにしたい。具体的な目標はまだないが、こっちに来ることが目標ではなく、結果を出すことが目標」

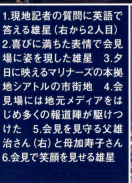

投手有利な球場 マリナーズ本拠地

雄星と4年契約を結んだマリナーズ。マック鈴木投手、佐々木主浩投手、イチロー外野手、城島健司捕手…。マリナーズには1990年代から日本選手の系譜が続いている。紺と緑を基調にしたユニホームは日本でもなじみ深い。

雄星が花巻東高時代の2009年にも、マリナーズは来日して面談している。当時の経緯を踏まえ、ディポト・ゼネラルマネジャー（GM）は「うちのことを理解してくれているという点では有利かもしれない」と期待していた。

本拠地シアトルは日本と直行便で結ばれ、日本人在住者も多く、和食のレストランなども豊富。今年から「Tモバイル・パーク」と名称が変更されたホーム球場は、投手に有利な設計とされる。雄星が「自分のベストパフォーマンスが出せるように、こだわっていきたい」と話した条件に合致するといえる。

数年先に照準を合わせて世代交代を図っているチーム事情も好都合だろう。先発陣には軸になる投手が定まっておらず、ディポトGMは27歳の左投手に高い評価をしている。

最大のターゲット

マリナーズのジェリー・ディポト・ゼネラルマネジャーの話　人間性、才能、経験、若さを兼ね備えた雄星は、チームを編成する上で最大のターゲットだった。現在および将来のマリナーズに好影響を与えてくれると思う。

会見で雄星について高い評価を口にするジェリー・ディポトGM（中央）

イチローへ熱い思い

雄星はマリナーズでチームメートになるイチローについて、野球少年に戻ったような無邪気な笑顔で思いを口にした。

「本当に雲の上の存在過ぎて、会うまでは信じられないというのが正直なところ。一緒にプレーすることがあれば、必ず一生の財産になる」と興奮気味に話した。

小学生の時に初めて観戦したプロ野球の試合にイチローが出場していた。2000年6月6日に盛岡市の岩手県営球場で行われたオリックス対ダイエー（現ソフトバンク）戦。天才打者は4打数2安打2打点と活躍した。雄星は「イチローさんが（日本で）最後の年。県営球場に見に行ったことを今でも鮮明に覚えている」と振り返った。

野球を始めたばかりの雄星少年にとって、プロ選手といえばイチローだった。「オーラというか、雰囲気というか、昔の記憶がずっと残っている」と述懐した。以来、特集するテレビ番組や関連書物のほとんどを目にしてきたという。

「会う機会があると思うので、たくさん聞きたいことがある。一緒にプレーさせていただけるのが楽しみで仕方ない」と目を輝かせた。

雄星VS大谷

世界一に挑む夢の対決

　岩手を、そして日本を沸かせてきた夢の対決が米大リーグでも現実味を帯びてきた。雄星を最も求めていたのは、日本人にもなじみが深いマリナーズ。大谷翔平のエンゼルスと同地区で、世界一への挑戦権を争う熱い戦いが見られそうだ。

　今季、ア・リーグ西地区のマリナーズとエンゼルスの対戦は19試合もある。別のリーグなら年間1、2試合、同リーグでも約10試合程度だ。大谷は今季、手術した右肘のリハビリをしながら打者に専念するため、二刀流でプレーする時より対戦機会が増える可能性は十分にある。

　マリナーズは昨季、イチローが復帰するなど多くの日本人が在籍し、雄星で10人目。今オフはエース左腕のパクストン、主砲のカノ、守護神のディアスら主力を大量に放出している。日本を代表する左腕に成長した雄星の能力を高く評価し、ウインターミーティングから獲得を熱望していた。

　2018年は89勝73敗と勝ち越したものの地区3位。ポストシーズンはイチローがメジャーデビューした01年以来進出できずにいる。

　ア・リーグで唯一、ワールドシリーズに進出したことがないマリナーズ。悲願の世界一へ向けて再建中のチームは、今季を「挑戦」と位置付ける雄星と類似している。

マリナーズVSエンゼルス

「花巻東シリーズ」は今季19試合

　雄星が入団合意したマリナーズは、大谷翔平が所属するエンゼルスと同じア・リーグ西地区で、2019年は19試合が予定されている。米大リーグは名物対決を「シリーズ」と名付けており、マリナーズ対エンゼルスは「花巻東シリーズ」と命名したい。

　最初の対戦はマリナーズの本拠地、Tモバイル・パークで4月1、2日の2連戦。アナハイムのエンゼルスタジアムでは4月18日から4連戦が組まれている。

　5月30日から6月2日までTモバイル・パークで4連戦。6月7日からエンゼルスタジアムで3連戦がある。7月はそれぞれの本拠地で3連戦。オープン戦も2試合が組まれている。

　メジャーには名物対決の「シリーズ」がいくつかある。ニューヨークのヤンキース対メッツは互いの本拠地を地下鉄で移動できるため「サブウェイ・シリーズ」。ロサンゼルスのドジャース対エンゼルスは「フリーウェイ・シリーズ」だ。

　2人の日本での対戦は「投手雄星」対「打者大谷」が13年と17年の計2試合あり大谷が5打数2安打。投手対決は計4試合で大谷の3勝0敗。投打とも大谷に分があった。

　大谷は雄星との対戦について「(高校の)先生はすごく楽しみにしていると思う。(対戦を)見せたいなという思いはある」と期待していた。

マリナーズの本拠地Tモバイル・パーク

不器用という武器

文◉村上弘明

菊池雄星
the starting point
原点

どこまでも不器用な男だ―。花巻東高の恩師、佐々木洋監督いわく「とにかく鼻息の荒いタイプ」。マウンドで小鼻を膨らませていたら間違いなく直球勝負だった。これでもかと言わんばかりに、力みまくるから球速は出ない。基本的に直球とスライダーの二者択一。カウントを悪くすれば、当然直球が狙われる。それでも、彼はがむしゃらに真っすぐを投げ込む。結果がすべての世界に生きながら、駆け引きなしの真っ向勝負。力と力の激突は見る者の心を動かした。

もう少し融通が利けばいいのに…。プロ入り前から佐々木監督は当時の西武投手陣を例に挙げ「涌井選手でも岸選手でも、いい投手はみんな涼しい顔して投げるでしょう？雄星なんて、腕どころか顔まで力んで投げている。一流の選手は１００キロのフォームで、ぴゅっと１５０キロを投げて、１５０キロのフォームで１００キロを投げる。そうじゃなきゃプロで通用しない。私の指導力不足の『おかげ』もあり、雄星はまだまだ伸びしろだらけですよ」と、自虐的なエールを送っていた。

結局はその通りだった。プロ９年間でようやくポーカーフェイスもさまになってきたが、写真でリリースの瞬間を確認すれば、やっぱり鬼の形相。それでも勝ち星をつかんできたのだから驚きだ。カーブやフォーク、チェンジアップの習得を毎年のように課題に掲げたが、結局は決め球にならず、あくまでも緩急をつける球種にとどまった。高校時代の大谷翔平（エンゼルス）が「フォークを投げてみろ」と指示され、１日やそこらで覚えてしまった逸話とは対照的だ。

主役を待ち構える会見場ではユニホームが掲げられ、テレビ画面で雄星の移籍を歓迎するメッセージが紹介された＝Tモバイル・パーク

高校2年生の夏の岩手大会　気迫の投球を見せる雄星＝2008年7月18日

印象深いのはプロ入団時の対応の違いだ。ともに「球界の宝」と騒がれ、OBや評論家がああしろ、こうしろと好き勝手に論評し「アドバイスの嵐」に見舞われたが、生真面目な雄星は、助言すべてを受け入れようとして投球の迷路に陥った。一方の大谷は、二刀流への評価や批判に最初から無頓着で、そもそも聞いてさえいなかった。自分は自分。結果を出せば、周囲の雑音は封印できる。自分が信じる道を最優先する大谷と、本当はネガティブ思考で心配性の雄星。どちらがいい悪いという話ではないが、お人好しの雄星には、大谷のように模範回答を繰り返し報道陣を困らせる、浮き世離れした「塩対応」はできなかったのだろう。

佐々木監督は２人の教え子をこう評価する。

「僕らが野球少年だったころは、卒業文集に『プロ野球選手になりたい』

と書いていたけれど、これからは『メジャーに行きたい』と書く時代が来ますよ。子どもたちの夢を変えた。私に言わせれば、雄星も大谷も2人とも新渡戸稲造ですよ」

まさに太平洋の懸け橋だ。岩手県民にとって、米大リーグをこれほど身近に感じる時代が来るなど想像もしなかったが、指揮官には2人の未来が見えていたのかもしれない。

失敗を何度も重ねて、回り道をしながら原点回帰した雄星。ここ数年で完全復活し「真っすぐを評価されてプロに入ったのだから、球速にこだわりたい」と、球威で押すパワーピッチで覚醒。3年連続2桁勝利で期待に応えた。

2017年に最多勝と最優秀防御率の投手2冠に輝くと、オフに殺到した全国メディアの出演依頼や取材は断り、県内だけに対応した。すべての求めに応じることはできない。岩手への愛着が彼の線引きだった。一方で県内番組は野球と関係なく、大好きなラーメン食べ歩きのロケでも何でも受け入れた。唯一、最後まで本気で悩んだのが人気TV番組「ケンミンショー」への出演なのだから笑える。岩手県民代表として何を熱弁したかったのだろうか。

不器用こそ最大の武器だ。小細工ができないからこそ、原点の真っすぐにこだわり続けた。直球とスライダーだけで、日本のプロ野球で通用しないなら「大リーグなんて夢のまた夢だ」と自らに制限を課すかのように。実際に質問してみると、「そんな訳ないじゃないですか。僕だって変化球を5、6種類も投げられたら投げてますよ」と一蹴されたが、記者からすれば「嘘でも話を合わせればいいのに…」と舌打ちするばかりだ。要するに性格自体が真っすぐなのだ。

最速158キロの球威を生み出す強烈な腕のしなりは、自らの体に相当な負担をかける。左腕を振っているのに、反対側の右脇腹が耐えられず悲鳴を上げるのだから恐ろしい。左肩痛のリハビリから始まったプロ生活で肉体改造を決断し、徹底的に体幹を鍛え上げた地道な努力があればこその活躍だった。

メジャーの厳しい戦いで、さらに潜在能力を開花させるに違いない。「今から全力投球します」と小鼻をピクピクさせながら、真っすぐに懸ける。抑えるか、打たれるか。誰よりもワクワクしているのはマウンドの背番号18だろう。

1

2

1.花巻市でふるさと復興応援イベントを行った雄星（左）と大谷翔平の両選手＝2013年12月28日
2.入団会見でマリナーズのユニホームに袖を通し、ガッツポーズ

YUSEI KIKUCHI
菊池雄星 原点 the starting point

CONTENTS

アリゾナで始まる新章

ピオリア春季キャンプリポート

大リーグ、マリナーズの菊池雄星投手が
米アリゾナ州ピオリアの春季キャンプで2019年2月12日(現地時間)、
本格始動し初のユニホーム姿を披露した。
「短い時間だったけれど、純粋に楽しかった」。
09年春夏の甲子園で岩手を沸かせた快速左腕が海を渡り、
新たな人生の第一歩を踏み出した。

SEATTLE MARINERS

アリゾナで始まる新章 ピオリア春季キャンプリポート

どれほど待ち焦がれた瞬間だろう。高校1年時から12年間、憧れ続けたメジャーの舞台。サボテンと赤土が広がるアリゾナの青空の下、背番号18の笑顔が輝いた。

ユニホームは水色を基調として、胸にマリナーズの文字を入れたキャンプ仕様。雄星は「似合ってますか？鏡を見てないので、自分では分からないですね」と照れ笑いし、喜びをにじませた。報道陣約40人が背番号18を追い掛ける「雄星フィーバー」にチームメートも驚きを隠せない。「なんだい、この騒ぎは」「さすが日本の有名選手だな」とからかわれながら、次第に緊張もほぐれた様子だった。

全体練習は約1時間で終了。雄星は「メジャーのキャンプは短いと聞いていたが、実際にやると『えっ、もう終わりなの』って感じです。アップも短いし、自分で考えながら仕上げていく必要がある」と気持ちを切り替えた。「キャッチボールでやっと肩が温まったと思ったら、みんなはもう終わっている。早く終わらせなきゃって焦りました」。待ちに待った夢の時間だっただけに「物足りなさ」をにじませた。

プロ野球西武時代は朝から夕方まで居残り練習を含め8時間近く、走り込みや体幹強化に努めた「練習の虫」。バント処理とランニング程度の軽いメニューでは、あふれる情熱を抑えきれなかったのだろう。背番号18は全体練習後、そのまま球場施設内に消えた。筋力トレーニングを黙々とこなしたのだろう。結局、自主練習は2時間も続いた。やる気全開。母校の佐々木洋監督が語る「鼻息の荒いタイプ」の本領発揮だ。

雄星はキャンプの違いについて「日本は2カ月あるが、米国は1カ月と短い。逆に日本は3勤1休で、こっちは休みなく続く。自分で考えながら調整していくしかない」と冷静に分析。早くペースをつかむことを課題に挙げた。

27歳のルーキーは初日の喜びよりも「責任」という言葉を重ねた。メジャーは今や夢ではなく仕事。戸惑いはあっても迷いはない。心配ご無用。プロ9年間の経験を生かし、信じた道を突き進むだけだ。

キャンプ初日、チームメートと練習に励む雄星（18）

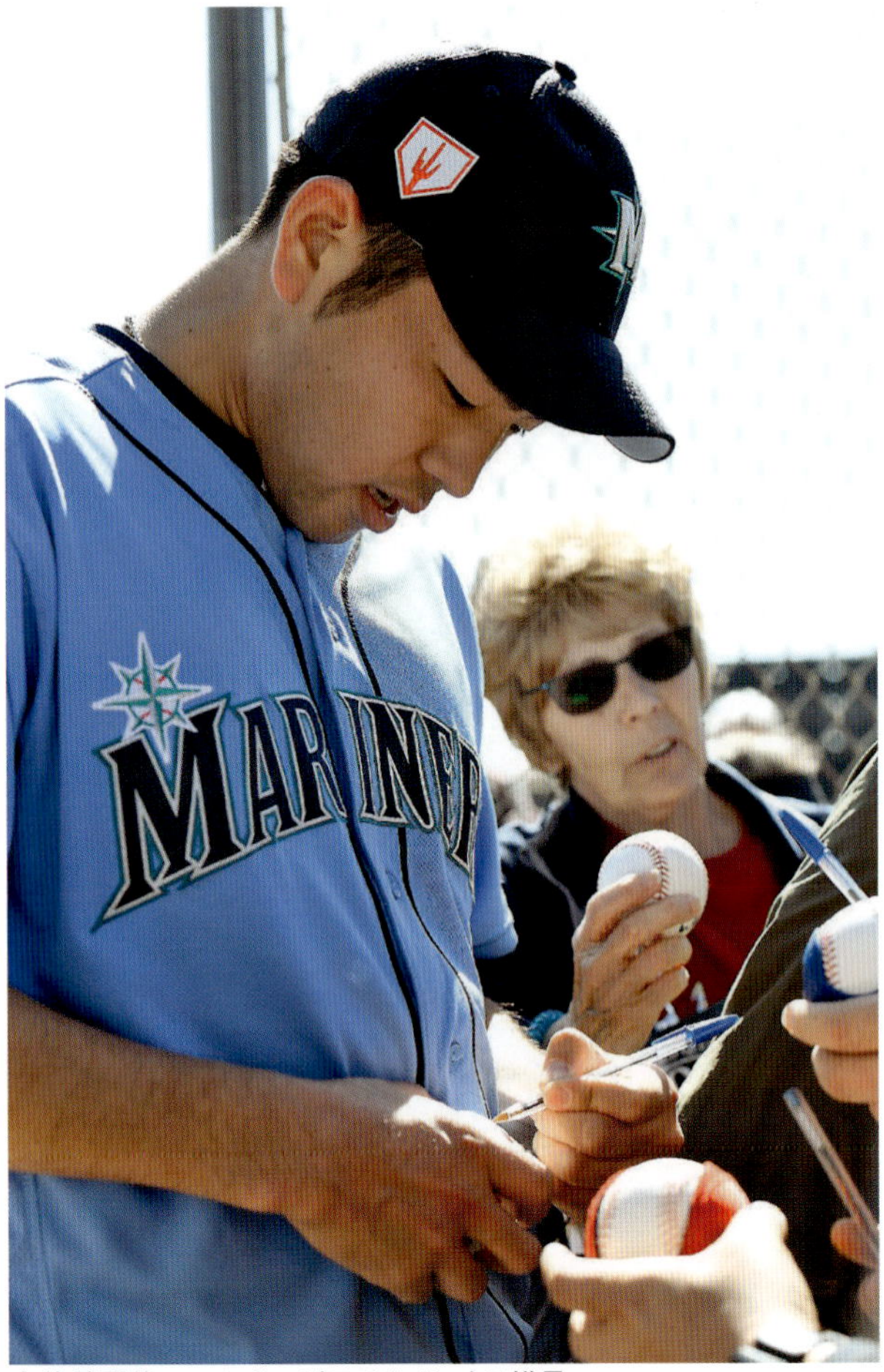

全体練習後、ファンサービスでサインする雄星

マリナーズがキャンプを行うピオリア・コンプレックス。球場の美しい芝生が印象的だ

アリゾナで始まる新章 ピオリア春季キャンプリポート

グラブに刻む東北魂

東北6県の地図をデザインした新グラブ。「原点を大切にしたい」との思いを込めた

雄星は新調したグラブに郷土愛を刻み、夢舞台に挑んでいる。捕球する網部分に東北6県の地図を描き、本県の位置には星の形をデザインした。「僕の大切な原点。初心を忘れずという思いを込めた」。最速１５８キロ左腕はメジャーでも東北魂を貫く。

抜群のしなりを見せる左腕だけでなく、今季の試合中継は「右腕」にも注目だ。投球動作では右腕を真っすぐに伸ばした後、グラブを脇に抱え込むように折り畳む。体に引き寄せた右手のグラブから一瞬見えるのが、真っ赤な刺しゅうで描かれた東北地図だ。

アリゾナ州ピオリアでキャンプインした雄星は「アメリカ大陸とか他のプランもあったけれど、最終的には原点を忘れずに行きたいと思って東北地図に決めた。緑色のバージョンも作っているので今後使っていきたい」と明かした。

プロ1年目の春季キャンプではグラブを巡る悲しい出来事も。母校花巻東高を表す「H」の文字と楕円形を重ねたデザインを取り入れたが、「学校の宣伝になる可能性がある」と規定上の問題を指摘され、結局は公式戦で使わなかったという。当時18歳の切ない失敗があるだけに「大リーグは規定がないので、今回は大丈夫です」と力を込

ブルペンで力強い投球を見せる雄星。右手のグラブには真っ赤な刺しゅうで描かれた東北地図が見える

守備練習で軽快な動きを見せる雄星（中央）

めた。

東日本大震災からの復興、古里岩手への感謝と恩返し。「東北を背負ってという大げさなものではない」と、あえて言葉にしないが、グラブに覚悟を刻んだ形だ。メジャーのマウンドで「東北」が躍動する日が待ち遠しい。

アリゾナで始まる新章 ピオリア春季キャンプリポート

雄星が語る投球フォーム

1 真っすぐ立つ

2 アクセル全開

写真② 軸足の「ため」を意識しながらホーム側へ体重移動する。雄星の投球動作で最もダイナミックな瞬間だ

写真① 「地面と垂直の軸を意識する」というバランスの良い立ち姿。高く上げた右脚が柔軟性の高さを示す

雄星のブルペン投球は圧巻だ。報道陣との距離はわずか数メートル。日本のキャンプよりも相当近く迫力満点。自身が「車とブレーキ」を例に語った投球理論を基に、現在のフォームを写真で紹介する。

雄星は「地面から力をもらい、それをいかにボールに伝えるか。それがスピードに直結する」と語る。昨年末のインタビュー取材時だ。

「例えば走行中の車が急ブレーキをかけると、乗っている人は前につんめってしまうじゃないですか。同じように投球も支点を作れば指先が走る。踏み出した脚でブレーキをかけて体の流れを止めることで、腕を速く振ることができる。車とブレーキの関係。止めると(指先が)走る」と独特の表現で説明した。

写真①は左脚にしっかり体重を乗せ、体の軸を意識して片脚で直立。全力投球になると、右脚を胸の高さまで引き上げ、両手で抱え込むような印象だ。優雅な立ち姿は、フラミンゴを思わせる美しさがある。

写真②は翼を広げて鳥が大空をはばたくように、投球動作の中で最もダイナミックに流れる。雄星の言う「車」はアクセル全開で、ホームベース側に向かい一気に加速する。

チームメートと和やかな表情でウオーミングアップする雄星（左から3人目）

3 右脚で止める

写真③　体全体が前へ進もうとする力に、踏み込んだ右脚でブレーキ。その反動で上半身の回転運動が加速し、左脚を一気に振り切る

4 フィニッシュ

写真④　フィニッシュは右脚への体重移動が完了し、左脚が勢いよく蹴り上がる。投げ終えた左腕がムチのようにしなり、腰の向こう側に見えている

写真③が「ブレーキ」の瞬間だ。重戦車のような肉体が生み出す前方への爆発的な推進力を、踏み込んだ右脚で止める。急ブレーキの反動で、上半身の回転が加速。下半身から上半身、左腕、指先へ。地面から得た力を伝える。

写真④はフィニッシュ。股関節の左から右へ体重移動。右脚に全体重が乗っているイメージだ。力強く振り抜いた左腕がムチのようにしなり、勢い余って腰の向こう側に見える。柔軟性の高さがうかがえる。

高校時代は「右脚は氷の上にそっと着地するイメージ」と語っていたが、現在は力強く踏み込む形に変わった。雄星は「今は脚を突っ張るのがトレンド。右脚が折れると、勢いが吸収される。データ上も突っ張った方が球威が増すと出ています。自分は無意識でやっていて、いい感覚で投げられていますね」と手応えを口にした。

チームにも溶け込み、練習中も笑顔が増えた

18歳

夢へ一路

27歳
新たな旅

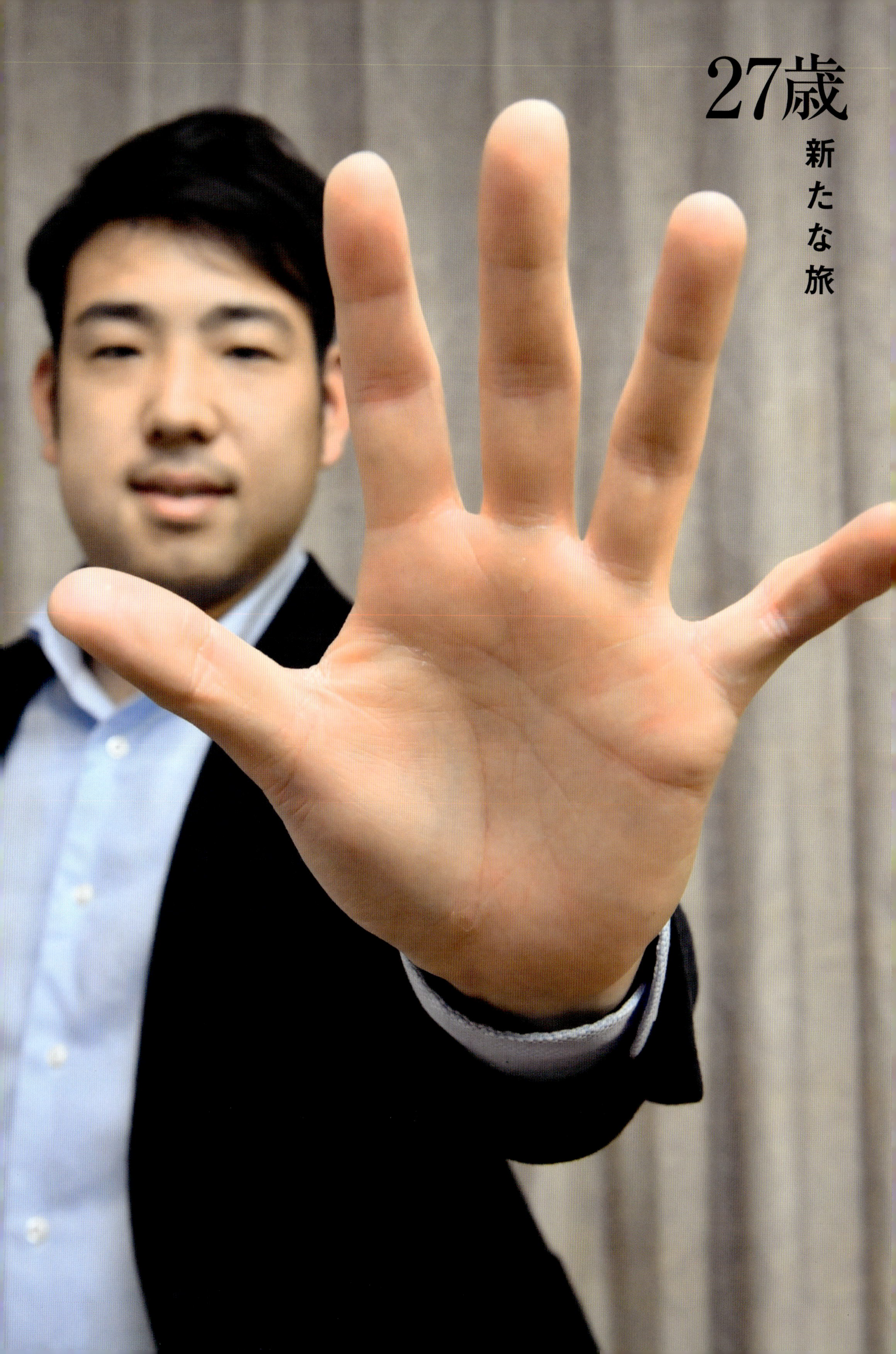

❖雄星 本音の単独トーク

『変わった』と言われるけど、僕自身は何も変わっていない

大リーグ・マリナーズで
いよいよ新たな旅が始まる―。
菊池雄星投手はポスティングシステムによる
移籍決定前に岩手日報社の
単独インタビューに応じ、
夢だったメジャーや古里岩手への思いを語った。
プロ9年間の総括、
故障と肉体改造、投球へのこだわり。
日本最速左腕となった
27歳の素顔を紹介する。

1軍キャンプで先頭に立ってウオーミングアップに臨む雄星。プロ4年目で自分のペースをつかんだ様子だ＝2013年2月11日、宮崎県日南市

プロ9年目でソフトバンク戦に初勝利した雄星。リーグ優勝へのマジックナンバーを「1」とする快投だった＝2018年9月28日、メットライフドーム

―プロ野球生活9年間を振り返り、率直な感想は。

「回り道はしましたね。でも、それが無駄かというと話は別。一番はけが、それからコーチとの一件もありました。けがはつきものだし、それで対処法も学んだ。若い時のけがはプラスだったと今は考えています。今季（2018年シーズン）も故障があったけれど、1カ月で戻って来られた。もし経験がなければ、もっと時間がかかっていたかもしれない。ここまで行ったら駄目になるとか、そういう感覚みたいなものを若い時に学べたから、何とかなったと思います。コーチとの一件は1年目の出来事だったし、一度イメージがついてしまうと、いろいろと大変でした」

―今季を振り返って一番印象に残っている試合は。

「ソフトバンク戦（9月28日）ですね。倒さないことにはリーグ優勝できない。勝てていない責任も感じていたし、リーグ優勝も9年間ずっとできていなかった。申し訳ないと思っていました。レギュラーシーズン最後の登板と思っていて、最後に一番勝ちたかった相手に勝てた。それは良かったかなと。『ソフトバンクに勝てない雄星』と枕詞を付けられていたし、早く勝ちたかった。怖いとか登板回避したいというのは全く無くて、早く投げたい気持ちが強かったですね。シーズンが始まる前から、ソフトバンクにも勝てず優勝を逃したら、本当にメジャーに行っていいのかなと常に自問自答していました」

―18年シーズンは14勝4敗で、貯金10をつくる「負けない投球」を見せた。

「一番は山川（穂高）ら野手に打ってもらったおかげ。防御率2位（3・08）でも決して良くなかったし、それでも4敗で済んだのだから、野手に感謝です。肩の調子もそうでしたし、治ってからも抜群の試合ってなかったですね。うまく試合をつくる。100％を求めちゃ駄目で、8割の中で勝たなきゃいけないと切り替えられた。それまでの経験を生かせた。復帰してからも、ずっと自分のボールが行かないと感じながら投げていた。復帰したら良くなるかと思ったけれど、ボールはそんなに変わらなくて。今年はこれで乗り切るしかないなと。でも100％を求めたら、どんどん自分から崩れてしまう。力んで『こんなはずじゃない』と自分で焦って崩れていくパターンですね。それを受け入れるっていうか、80％という中での100％を出そうと切り替えられた」

投げたくても投げられないし、見返せないのがつらかった

―プロ通算成績は73勝46敗1セーブ、防御率2・77。自己評価は？

「勝ち星が多いに越したことはないけれど、そこよりも、いろいろなけが

古里岩手から応援に訪れたファンとサプライズで記念撮影をするなど交流する雄星（中央）＝2018年7月31日、メットライフドーム

とか壁にぶち当たった時に諦めずに乗り越えられたことが重要だと考えています。いい9年間だった」

—プロ1年目は左肩痛の影響でリハビリ生活だった。病院をあちこち回り治療していたことを、一部週刊誌が未成年だったにも関わらず「夜遊び」と面白おかしく書き立てた。当時のコーチによる暴力事案も報じられた。

「投げたくても投げられないし、見返せないのがつらかった。結果で黙らせるしかないけれど、それができないもどかしさがずっとあった。1年前の高校時代は良いことしか書かれなかったのに…。その落差に驚いたし、それがプロになることなのかなって。正直、人に会うのを避けた時期もありました。でも、これが人間というか、こういう世界なんだなと、最初に学べて良かったですね」

—入団1年目オフの取材では「岩手のファンは深い」とファンレターが心の支えになったと話している。

「岩手の人からのファンレターは、単純に『頑張れ』じゃなかった。『今はもっと苦しめ。悩み抜け』『焦らず力を出せば大丈夫』『ただ笑顔を見られるだけでうれしい』とか…。本当にいろいろな方から手紙をいただきました。もちろん、岩手以外の西武ファンがどうこうという話じゃないけれど、岩手には悪い時でも応援してくれる人がいる。そういうものを感じた。本当にありがたかったし、感謝しています」

—故障もあり、早い段階から肉体改造を決断した。「痛みが消えても、体が覚えていて思い切り投げられない」と当時語っている。筋力が完全に戻って、球威が復活するまで確かに数年単位の時間を要した。

「プロに入って、初めはもがいていました。いろいろな人にいいと言われたトレーニング方法や治療を試してみたり。1年目から4年目ごろまで、スピードも落ちていましたし…。（肉体改造を決断した転機は）プロ2年目に、今でもお世話になっているパーソナルトレーナーの清水忍さんに出会ったことですね。清水さんに体が弱い、バランスも良くないと言われて、まずはそれを直そうって。特に背中が弱くて、けがの再発防止のためにも筋力強化に取り組みました」

—上半身を鍛えると、肩の可動域に悪影響が出るとの指摘もある。実際はどうだったのか。

「自分の場合、可動域は昔と変わらないですね。筋肉をつけることと、体の硬さは一緒じゃない。例えば、世界一のボディービルダーは180度開脚ができたりします。正しいやり方であれば、筋力と柔軟性の両方を追い求めることができる」

―筋力強化の経過が知りたい。どういう状態から9年間でどう成長したのか。数値で分かりやすく説明してほしい。

「重量挙げのバーベルを肩に担いで、そのまま膝を曲げて、しゃがみ切るフルスクワットの数値で言うと、僕は今200キロですが、プロ2年目は60キロしか上がらなかった。高校で120キロを上げていたのに、清水さんの指定する正しいフォームだと、60キロしか無理だった。そこから始めて、4、5年で150キロぐらいまでは伸びていくんです。後輩の選手も一緒にやるけれど、みんな140～150キロですね。でも、そこからが大変。年間5キロ、10キロぐらいしか上積みできないんですよ」

―フルスクワット200キロは、どういうレベルなのか。プロレスラー級？

「プロレスラーの数値は分からないけれど、たぶんプロ野球選手では他にいないと思います。でも、目的は体を大きくすることじゃなくて『地面からの力をもらう』ということなんです」

―面白い表現ですね。もう少し詳しく解説してほしい。

「地面からの力をもらい、それをいかにボールに伝えるか。それがスピードに直結する。例えば、走行中の車が急ブレーキをかけると、乗っている人は前につんのめってしまうじゃないですか。同じように投球も支点を作れば、指先が走る。投球フォームでは、踏み出した脚でブレーキをかけて体の流れを止めることで、腕を速く振ることができる。車とブレーキ。（脚を）止めると（腕が）走る。どうせなら軽乗用車よりも（排気量の大きい）スポーツカーにした方がいいよねっていう発想です」

ライオンズは自分にとって家族。仲がいいし、正直さみしい

―投球スタイルは直球とスライダーが基本で、高校時代からほとんど変わらない。

「直球にはずっとこだわりを持ち続けています。結局、長所で勝負するしかないのがプロの世界。短所を補って、すべてを平均点まで上げたとしてもプロでは通用しない。1～4年目はスピードも出ず、一時期は『やっぱりコントロールなのかな』って思ったけれど、全然うまく行かない。結果が出ないから、迷いが出ちゃうんですね。でも、そもそも僕は大雑把に、だいたいこっちとか、球がストライクゾーンに行ってくれれば、それでいいタイプ。いろいろな10勝ピッチャーがいて、150キロを投げる人もいれば、アンダースローで抑える人もいる。それがスポーツの面白さ、野球の面白いところだと思います」

「最近よく周りから『変わったよね』とか『しっかりしてきた』と言われるけれど、僕自身は何も変わっていない。基本的にずぼらだし。僕は1年目から、いいことはいい、悪いことは悪いと、YES、NOをはっきり言うタイプだったし、今思えば結果も出していないのに生意気なんだけど、そこはブレずにやってきた。ずっと同じことを言ってるのに、活躍してない1年目と、2桁勝利できた9年目では、周囲の受け止め方が全然違うってだけなんです。だから、自分でどうにかしなくちゃいけない。断るところは断る。誰も助けてはくれない。ネガティブな意味ではなく、そのスタンスは1年目から変えていない」

―大リーグ挑戦を見据え、プロ野球ではあえて直球とスライダーだけで通用

雄星 本音の単独トーク

『変わった』と言われるけど、僕自身は何も変わっていない

プロ入り初のリーグ優勝を喜ぶ雄星（中央）
＝2018年9月30日、札幌ドーム

するのかを試していたのか。実は得意の変化球をまだ隠しているとか。

「いや、それは全くないです(笑)。そりゃ、正直うらやましいですよ、5つも6つも変化球がある人とか…。僕は相手が嫌がるスライダーとストレートがあれば、ある程度行けるかなと感じているけれど、これからまだまだ球種を増やしていきたい。今季はカーブがかなり使えたけれど、チェンジアップはもっと、もっと精度が必要かなと考えています」

―ライオンズの思い出は。

「ドラフト前日に神社に行って、うまく行きますようにってお参りをしました。その時、今までにない感覚があって…ふわーって感じて。ああ、これで明日はいい日になるなって。スピリチュアル体験じゃないですよ。ただ、お参りして気持ちいいなぁと。スカっとしたんですよね。めっちゃ覚えているんですよ、盛岡八幡宮でパンパンって手を合わせて。記念になると思って、深い意味は全くない。花巻にいても、もぞもぞ緊張するから自転車で盛岡に。ええ、一人で行きました。往復3時間くらいかかったかな。きつかったけれど、名物のわんこそばを食べられたし、神社にも行けた。どこに決まるにしても、いいチームになるって思えました。そういう準備をしたということですね。ライオンズは自分にとって家族みたいな感じですね。仲がいいし、正直さみしい」

―大リーグへのポスティング申請は西武球団が2018年12月3日に行った。あらためて大リーグへの思いは。

「大リーグ挑戦は高校時代から夢だった。でもプロ1年目から5年目くらいまでは、メジャーとの距離も感じていた。西武でローテ(先発投手の立場)を奪いに行くのに時間がかかったからです。それで、何とか9勝できたのが6年目。そのオフに初めて米国に行って、メジャーリーグのポストシーズンを観ました。ドジャースとメッツ戦。もう鳥肌が立って大変。ここで投げないと、自分が死んだときに後悔するとさえ思った。そう感じてしまったら、これは球団(西武)に伝えなければならないって。帰りの飛行機の中で決意しました。日本に戻って契約交渉の席で、メジャー挑戦の話をしました。当然認めてもらえないけれど、球団から3年連続10勝って言われて。それが最初。6年目のオフですね」

―大リーグの何に惹かれたのか。試合観戦では、どこに衝撃を受けたのか。

「うーん、何と言えばいいのか分からないですね。メジャーの球場の雰囲気だとか、いろいろ全部が衝撃的だった。本当の感動って言葉で表現できないじゃないですか。立てたくたって鳥肌なんて立てられないのに、それが止まらないんですよ。鳥肌は嘘をつかない。そう信じています」

―プロ生活では個人成績や数字にはあまりこだわっていなかった印象だが、どう考えているのか。

「個人成績の集まりが、チームの優勝や勝敗につながっているという意味ではもちろん大事にしています。でも原点は花巻東。僕らの世代は部員が93人いたけれど、エースナンバーは一人だけ。『みんなに認めてもらったやつ

雄星 本音の単独トーク

『変わった』と言われるけど、僕自身は何も変わっていない

プロ5年目春季キャンプ　ダッシュを繰り返す雄星(右)。体重が増加し、足が上がっていないように見えても投手陣で1位のタイムだった＝2014年2月11日、宮崎県日南市

シアトルは美しい街並みも魅力の一つだ

だけが背番号1番をつけられるんだ』と、佐々木洋監督から言われていました。それがプロに入って身にしみた。『あいつはすげえや』って、勝った負けたの結果だけじゃなくて、後輩を気遣う日ごろの振る舞いとか、言動の大切さ。それを昨季、今季あたりでやっと分かった気がします。それまでは自分のことで精いっぱいでしたから」

―高校時代の部員数を覚えているのがすごい。ちなみに、大リーグとの交渉で球団を決めるポイントは。

「これ大丈夫ですか。絶対に言わないでくださいね」

最後は、ここで投げてみたいと思える場所かどうかです

―面白かったら使うに決まっている。まずは話してみようか。

「正直、まだ何も決まっていないし、メジャーに行く実感もないくらいです。でも僕は、各球団の街に行ってみたいと思っています。街を歩いて、スタジアムの雰囲気を確かめたい。でも、今までたぶん誰もそういうことはやってないんじゃないかな…。大谷（翔平）もエンゼルスに行くとき、アナハイムの街は見ていないと思います」

「最後は、ここで投げてみたいと思える場所かどうかですね。そういうのが絶対にあると思う。ワクワクする球場であることが大事ですね。自分が投げた試合で結果が出なくても、街に出たら地元の雰囲気が良くて『よし、また頑張ろう』と思えるような…。やっぱりフィーリングってあるじゃないですか。どんな高級ホテルに泊まっても、自分としたら『何か、この部屋は違うな』とか。アメリカに行って1日3カ所くらい回って、街や球場をあちこち見てみたい。たまたま、その日が雨だったりして、気分が乗らなかったり、いつもと違う印象を受けたとしても、それが運命。その球団とは縁がなかったというか、もうそれは運命としか言いようがない」

―大谷選手の取材でも感じるが、野球はそんなに楽しい競技なのか？

「野球は楽しいです。やればやるほど、つかめないというか、底が見えない。去年こういうトレーニングをして、こういう投球フォームで結果が出たからって、同じように取り組んでも今年は全然マッチしないし…。長くやっていれば、みんな自分なりにチェックポイントがあるけれど、それが通用するのって長くて3カ月。だからシーズン中に変わっちゃうんですよ。その年に合ったタイミング、投げ方があり、体重や年齢など要素もいろいろある。もう正直わかんないです。そこに対応していく難しさがあるし、そういうのを考えていくのも楽しい。ボールを持ちながら『この変化球は投げられるかも』なんて、ずーっと考えていますから。きっとプロ野球選手なんて、みんな同じだし、その意味ではみんな変態ですよ」

―最後に高校時代から続けてきた恒例の質問を。まずプロフェッショナルとは何か。

「うーん、何でしょうね。（かなり長い沈黙の後）僕、うん、本当に『無知の知』って言葉が好きで。何も知らないってことを自覚するという意味ですけど…」

―哲学者ソクラテスですか。

「そうです。やれば、やるほど野球って分からなくなる。だから、それぞれのプロフェッショナルがあると思うけれど、僕にとっては『無知』を年々、自覚させられるのが野球。でも、だからこそ、まだまだ成長できると思える。もっと貪欲に勉強したい。できるなら、その欲がずっと尽きないことを願います。欲がなくなったら、きっと野球がつまらなくなるから」

―投球で一番大切なことは。

「これも繰り返しになるかもしれないけれど、自分に軸を持っているかどうか。これで勝負するんだっていうものを自覚して言語化できるか。結局、自分をよく知るってことですね。150キロで勝負するのか、サイドスローで行くのか。花巻東で（チームメートだった佐藤）涼平や、（後輩の）千葉（翔太）君が甲子園を沸かせたり、そういうことが面白い。（2人とも小柄で、

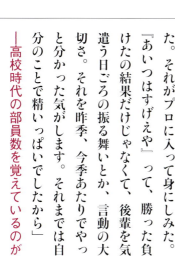

1.クライマックスシリーズ（CS）のファイナルステージ第1戦に先発した雄星＝2018年10月17日、メットライフドーム　2.CSに先発した雄星へ向け、スタンドからは大きな声援が送られた　3.10年ぶりのリーグ優勝を決め、敵地まで応援に駆けつけたファンの声援に応える＝2018年9月30日、札幌ドーム

カット打法で粘って勝利に貢献したように）長所を伸ばしていくことって大事だと思います」

何も特別なことじゃない。1年間で1週間しか岩手に帰れない

―自分にとって大リーグとは。

「高校1年から。確か冬です。大リーグを目指そうって監督に言われたのが。それまで大リーグなんて知らなかったけれど、監督が言うなら、よし目指しますってだけ。普通はドラフト1位を目指そうって言うじゃないですか。それを飛び越えてメジャー。監督は『誰もやったことのないことをやろう』と言ってくれたんです。途中で挫折もあったし、遠のいた時期もあったけれど、15歳のころから、12年間温めてきた夢ですから。もちろん、まだ何も決まっていないけれど、その舞台に立つチャンスがあって、今、それをつかめるところにいるのが幸せですね」

―投手としての完成度について自己評価は。

「まだ半分ぐらいじゃないですか。投手としての能力はまだまだ伸びる。コントロール、変化球も増やしたいし、やることは盛りだくさん。体もでかくしたいし」

―多忙を極める中、今年も12月に約1週間かけて講演会や野球教室など岩手県内で活動する。なぜ、そこまで岩手に愛着を持っているのか。

「何も特別なことじゃないですよ。1年間でたった1週間しか岩手に帰って来られないし、野球人口が減っていることへの危機感もある。だって少子化の8倍のペースで野球人口が減っているんですよ。しかもサッカーは微増と聞いている。単純に子どもが減っているという話じゃなくて、野球をやらない子が増えている。そこには、いろいろな理由があると思うんです。少しでも野球を知ってもらい、僕たちプロ野球選手と触れ合うことで、野球をやろうかなって思う子が一人でも増えてくれたらうれしい。『夢や希望を与える』ってよく言われるけれど、それは僕が言うことじゃない。子どもたち自身がどう受け取ってくれるかだけど、野球をやったことのない子どもたちも最近は多いので、野球の魅力を伝える活動は続けたいです」

―来年以降も岩手での活動は続けますか？

「ふふふ、大リーグに行っても必ず来ますよ」

これが夢実現の原点！

雄星の目標達成シート

菊池雄星投手は2019年の目標達成シートを書き上げ、「世界で活躍」と決意を示した。「高校1年から12年間温めてきたメジャーへの挑戦権を得た。今は不思議な気持ちです」と最高の舞台へ胸を高鳴らせる。「でも行くことが目標じゃない。活躍することで岩手の子どもたちに、県民が世界でも戦えることを証明したい」と力強く抱負を語った。

高校生以来、目標達成シートと久々の再会。9マスの中央を書き入れしばし考え込む

明確な目標が自分変える

高校時代に取り組んだ目標達成シートとの思わぬ「再会」。雄星は「うわっ、これですか…」としばし絶句。ペンを握りしめたまま考え込んだ。高校2年時は「高卒でドジャース入団」が目標。長い歳月を経て、あらためて「なりたい未来の自分」と向き合う。深く濃密な沈黙を破り、9分割した用紙の中央に書き入れたのが「世界で活躍」だった。

周囲の8マスは目標達成の手段と必要な要素だ。雄星は「うーん…難しいな」と悩みながらも「強い身体」「環境への対応」「言語」「感謝」「チームワーク」「技術向上」「日々勉強」「挑戦心」と一気に埋めて行った。

明確な目標設定が「きょうの自分」を変える。自分が変われば周囲が変わり、やがて未来が変わる。常にゴールから逆算して考え続けてきたからこそ、最後まで止まることなく書き上げることができるのだろう。

挑戦心については「（メジャーでは）予測不可能な困難があるはずだが、それでも、俺はこれを経験しに来たんだ、壁を乗り越えてレベルアップするために米国に来たんじゃないか、という心を持ち続けたい」と闘志を燃やす。感謝やチームワークを挙げた理由には「自分一人でここに立てているのではない」と力を込めた。

「岩手から日本一」「ピンチでこそ笑顔」「決してあきらめない」—。09年春夏の甲子園で見せた個性豊かな全員野球は県民に鮮烈な印象を残した。だからこそ今も幅広い世代が「おらほの雄星」という意識を共有する。プロ入り後は故障で思うように活躍できず、多くの人が離れて行った。「見返したくても投げられない」「痛みが消えても、体がけがを忘れてくれない」。数年間にわたり球威が戻らず、もがき苦しんだ低迷期をどれほどの人が覚えているだろう。

春のセンバツ前の強化合宿で大声を出し、練習を盛り上げる雄星（左）ら花巻東高の選手たち＝2009年2月、三重県熊野市

高校2年時↓81マス中央

「高卒メジャー」

高校2年のときに自ら記入した目標達成シート

プロ9年間で通算73勝46敗1セーブ、防御率2・77。17年に最多勝、最優秀防御率の投手2冠を果たしたが、それさえも通過点に過ぎない。信じた道を愚直に歩み続けた不屈の精神こそ最高の勲章だ。

いよいよ夢のメジャーへ。平成最後となる節目の年に、満を持して「岩手のエース」が海を渡り、新たな物語をつむぐ。

高校の選択も「言葉の力」

雄星は花巻東高2年時に計81マスに及ぶ目標達成シートを書いている。最終目標は「高卒でドジャース入団」。その周囲の8マスに「体作り」「MAX155キロ」「コントロール向上」「実戦で使えるピッチャー」「愛されるプレーヤー」「外人に負けないメンタル」「甲子園で優勝」「ピッチャー三種の神器」と書き込んだ。体作りのために体重85キロを目標に掲げ、毎日ご飯をどんぶりで9杯食べ、プロテインを朝晩欠かさず、サプリメントなども飲み続けた。「食べる体力をつける」は理解できるが、「お菓子禁止」は茶目っ気なのか、本気なのか定かではない。

チームでは節目ごとに何度か、こうしたシートに目標を書き込み、監督らと面談して自分の取り組みを振り返り、検証する時間を設けている。完成したシートは室内練習スペースに掲示し、選手らは毎日、目にする仕組みだ。筋力トレーニングも同様に記録をグラフ化して取り組む。最近は一般的に使われるようになってきた「努力の見える化」の先取りだ。日々の小さな達成感が、次の目標に向かうやる気を促し、仲間との競争が心の原動力になっている。

花巻東高野球部を取材すると「ノミの法則」という話がよく出てくる。

瓶の中にノミを1匹だけ入れると、外では1メートル以上の高さで跳んでいたのに、瓶のふたに何度もぶつかるうちに、

夏の甲子園出場を決め、ジャンプ一番喜びを爆発させる雄星（中央）と花巻東高の選手たち＝2009年7月24日、盛岡市・岩手県営球場

2019年→9マスの中心は「世界で活躍」

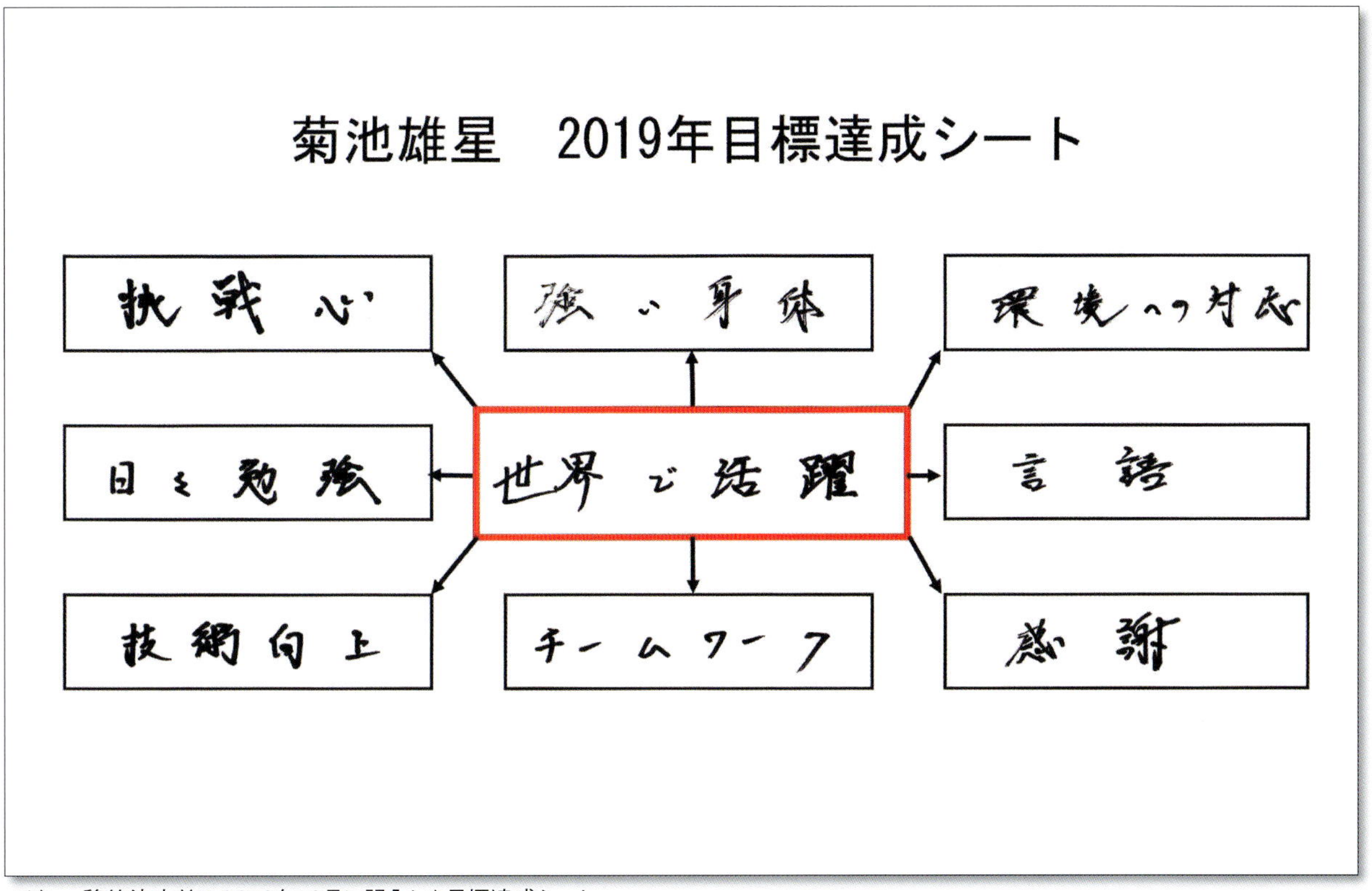

メジャー移籍決定前の2018年12月に記入した目標達成シート

やがて瓶の高さしか跳べなくなるという物語だ。無限の可能性や能力があるのに、自ら「限界」を作ってしまう愚かさ、ぬるま湯の環境に慣れてしまう惰性への警句とも受け取れる内容だが、最後は選手たちにこう問い掛ける。

「また高く跳ぶためにはどうすればいいか？」。

普通なら「再び外に出す」が正解だろうが、佐々木洋監督は別の表現で選手の心に訴える。「答えは仲間のもとに戻すことだ」。

外で一生懸命に跳んでいる仲間と競い合い、時には協力して工夫する。ノミはいつか夢中になって「限界」さえ忘れて、以前よりも高く跳べるようになる。選手には「野球が上達したいなら、うまい選手と一緒にいることだ。不平不満ばかり言っている人と付き合っていると悪影響を受けるのと同じように、天才や努力を継続する姿勢も伝染するものなんだ」と語り掛ける。彼らが野球を通して日々学んでいるのは、人生を全力疾走する「心の技術」だ。

なぜ雄星は同校への入学を決めたのか。その理由も「言葉の力」にある。

「試合でグラウンド整備の時、花巻東はベンチ前で円陣を組むじゃないですか。選手全員が監督さんの言葉に集中している。あの真剣な表情を見て、いったい何を話しているんだろうって。監督さんがどんな言葉で、何を言っているのか、自分も輪の中に入って聞いてみたかったんです」と照れくさそうに明かした。

そして09年春のセンバツ決勝―。試合前の円陣で指揮官は何を語っていたのか。まさかの「眉毛論」なのだから信じられない。「おい、相手選手を見てみろ。眉毛をいじっているじゃないか。野球が強ければ、それでいいのか。絶対に負けるな。日本一を証明して教育を変えるぞ」と意味不明な熱弁を振るっていた。「監督さん、何を言ってるんだ…」。大一番を前に、選手たちは困惑したに違いない。緊張を解きほぐし、平常心を取り戻す狙いなのか…いや、さすがに違うだろう。ピンチで笑顔、真剣な場面で笑いが花巻東高の流儀だ。

雄星にとって目標達成シートは原点の一つだろう。だが、それは「高卒でドジャース入団」という壮大な夢を馬鹿にするような人間関係の中では決して実現しなかっただろう。純朴なチームメートたちは「俺たちの雄星なら…」と信じて疑わなかった。目標達成シートの向こう側には、仲間たちと過ごした幸せな高校野球時代が見えてくる。

Part 1

言葉

語る

雄星は花巻東高時代から
「言葉」を大事にする選手だった。
自問自答を繰り返し、納得するまで考えを深める。
「これしかない」「一番大事なのは」
「だからこそ」—。
彼の発言は、
自分なりの決着を表す言葉にあふれていた。
どんな苦況でも、悪口や愚痴は言わない。
「マイナス発言って伝染するから」
プロ1年目から重ねてきたインタビュー取材から、
成長の軌跡をたどる。

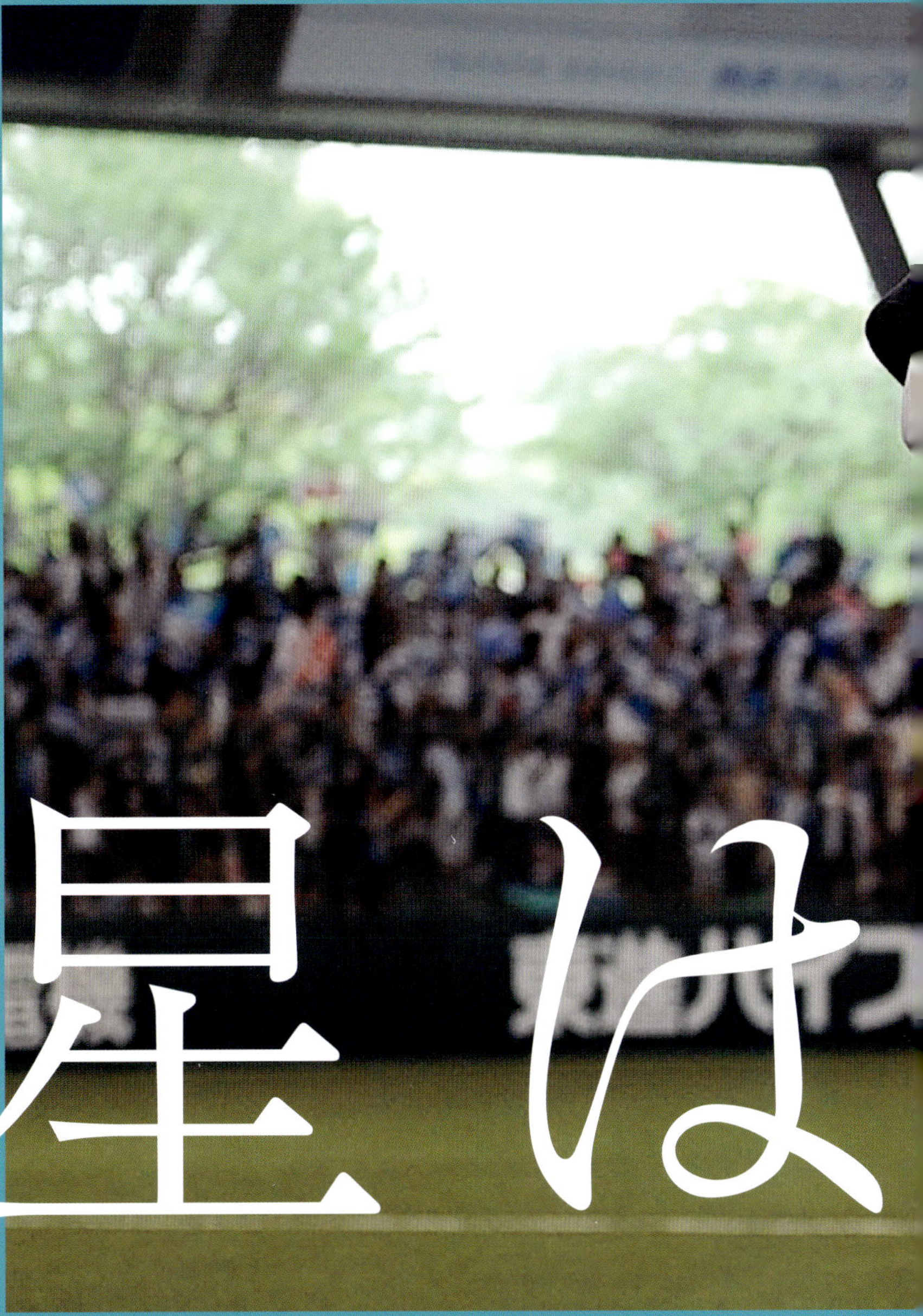

雄星は

プロ1年目の試練

「勉強の1年でした」―。プロ野球西武の菊池雄星投手（19）＝花巻東高＝は左肩痛に苦しみ、力を発揮できないまま1年目のシーズンを終えた。日米20球団と面談し、2009年秋のドラフトで6球団が1位指名した逸材は常に話題の中心だった。今季の全体練習は11月19日に秋季キャンプが終了し、来春まで自主練習となる。故障と向き合った試練の1年。岩手の快速左腕がプロ1年目の「真実」を語る。

I 雄星は語る
2010年11月

1年目の春季キャンプ　ブルペンで球を受けた細川亨捕手（左）から助言を受ける雄星＝2010年2月4日、宮崎県日南市

■菊池雄星プロ野球の成績

【投手成績】

年度	登板	投球回	打者	勝利	敗北	完投	完封勝	勝率	奪三振	防御率
2011年	10	54 1/3	231	4	1	2	0	.800	24	4.14
2012年	14	81 1/3	339	4	3	0	0	.571	57	3.10
2013年	17	108	441	9	4	3	3	.692	92	1.92
2014年	23	139 2/3	615	5	11	1	0	.313	111	3.54
2015年	23	133	542	9	10	0	0	.474	122	2.84
2016年	22	143	595	12	7	2	0	.632	127	2.58
2017年	26	187 2/3	735	★16	6	6	4	.727	217	★1.97
2018年	23	163 2/3	654	14	4	1	0	.778	153	3.08
通　算	158	1010 2/3	4152	73	46	15	7	.613	903	2.77

【注】★はタイトル獲得。2010年は1軍登板なし

春季キャンプの嘘
「期待が重荷 痛み隠す」

始まりは宮崎県の春季キャンプだった。初日から捕手を座らせ快速球を連発。首脳陣も絶賛する鮮烈なデビューだったが、背番号17は、この時から左肩を心配していた。

「初日は本当に良かった。でも痛くない場所を探して投げていた状態。甲子園、国体で左脇腹を痛め、疲労骨折の跡が見つかってから岩手でも全然投げ込んでこなかった。（キャンプインの）2月1日はたまたまハマっただけで、長続きしないだろうなと分かっていた」

確かに翌日は球威が半減。雄星は「肩の張りがある中で、どれだけ投げられるか試したかった」と説明。さらに腕の振りなどを挙げて「プロで通用する投球フォームに修正する」と繰り返した。それは考え抜いた末の嘘だった。

「左肩の痛みは国体以降もずっとあった。でもプロは勝負師である以上、弱みは見せられない。どこかが痛いなんて『自分は弱い』と宣言するようなもの。だから腕の位置を試したとか、ごまかすしかなかった」

「期待されているのに、監督やコーチに痛いなんて言えないですよ。だか

室内練習場で投内連係の動きを確認する＝2010年11月17日

秋季キャンプ最終日　走り込み中心のメニューで調整＝2010年11月19日、埼玉県所沢市・西武第2球場

らトレーナーにだけ打ち明けて、連日マッサージを受けた。ここで2軍に落ちるわけにはいかないって。でも結局、それが裏目に出た。キャンプ途中にはもう痛くて、最後は『飛ばし過ぎました』って休んで、治療に専念しようと思っていた」。切ない告白だった。投球フォームがばらばらだった理由も今なら言える。

「自分はもともと感覚で投げるタイプ。困った時に投球理論や体のつくりという話が付け足しで出てくる。でも痛みで一番大切な体の感覚が消えた。今まで意識しなくても自然と修正できたのに、それが分からずフォームがごちゃごちゃになった」

肩の痛みは「左脇腹の筋肉が修復されても、しこりみたいになって腕が下に引っ張られる感覚があった。投球時のテークバックが小さくなったのも、腕が上がりづらいから痛くない形になっただけ。結局、中途半端に投げ続けてリセットする時間を作れなかった。周囲の目を気にしてしまったんですね」

「最初は(肩に)電気でも流せば治ると考えていた。だって、けがをしたことがないから。今思えば、完全になめていました。投手は体一つで勝負するのに…。けがの恐ろしさを知った1年だった。来季は、今季があったからこそ活躍できたと言えるようにしたい」

注目されるがゆえに、故障を隠し通した。弱音を出せない立場が邪魔して、皮肉にもけがを長引かせたのかもしれない。雄星は孤独な戦いに耐え続けた。

2軍初勝利の裏側「声援が力 消えた痛み」

シーズン最後の実戦登板は2010年5月4日の2軍楽天戦だった。左肩痛の中、最速147キロを記録し5回無失点で初白星。本人も信じられない快投だった。

「試合前は痛みがひどくて『まずい、これは』と不安だらけ。せっかく宮城県開催で、岩手からも大勢が駆けつけてくれたのに、どうしようって。でも試合に入ったら、なぜか痛みが消えた。地元の声援に力をもらったとしか言いようがない。自分でも『これで行ける』と思ったら、試合が終わった瞬間に激痛が走り『あっ、駄目だ』。本当に不思議な試合だった」

リハビリは今も続く。早朝練習に始まり、午前10時から全体練習、個別に課された筋トレをこなせば、午後3時を過ぎる。いつも最後まで居残りだ。さらに夏場以降は埼玉県所沢市の選手寮から東京都内に通い、治療と専門的な筋力強化メニューに取り組んでいる。

「週に5、6日。ほとんど毎日ですよ、夕食後に寮を出て、帰るのは夜中。ファンの方から『練習もせずに遊びに出歩いていいのか』って球団に通報されたこともあります」。熱狂を作り上げたメディアの一部は、活躍できないと手のひらを返すように「豪遊」「夜遊び」と書き立てた。まだ19歳。つらくなかったのだろうか。

「バッシングは気にしていません。もちろん最初はムカって頭に来たけれど、結局アンチだってファンの一つ。関心があるから悪く書かれたりする。関心さえ消えた時はプロとして本当にまずい。だから、もう好きなだけ書いてくれ、俺は仙人になってやるって思っていました」

「周りの評価もそう。自分がやっていることは一緒なんです。一流の治療、一流の練習をして日本一の投手を目指す。最初は理論派、勉強熱心だと言われたのが、結果が出ないと「頭でっかちで何もできない」に変わる。活躍すれば、また理論派ですよ。求められるのは結果。今季も肩が万全なら勝つ自信はあった。だから『1軍で1勝』と掲げた自分との約束を守れなかったのが悔しい」

「万里一空」の言葉に古里への思いを込めた雄星。「岩手の応援は本当にありがたい」と感謝する

苦境の中でなぜ、そんなに前向きでいられるのか—。笑顔で言い放った雄星節が印象深い。「周りから見れば、どん底の状態ですよ。でもリハビリの中で思ったんです。ぶっちぎりのどん底だからこそ、ぶっちぎりにカッコよくありたいって。それって自分のドキュメンタリー番組みたいでしょ？後で見たら、みんな泣いちゃうじゃんって。そう思うと、毎日が楽しくなる。今は評価されなくたっていい。いつか最高の結果で理解してもらえる日が来ますから」

来季への意気込み
「活躍届け 岩手元気に」

「左肩に不安はない」と断言したが、本当に球威は復活するのか。弱音を吐かず、痛みさえ隠し通す背番号17は信

秋季練習最終日のキャッチボールで力強い球を投げ込む＝2010年11月19日、西武第2球場室内練習場

地道な練習の毎日でも笑顔を絶やさない＝2010年11月17日、西武第2球場

左肩痛がなくなり、明るい表情で練習に励む雄星＝2010年11月17日、西武第2球場室内練習場

用ならない。本音か嘘か、インタビューでも消えなかった疑問に答えたのはキャッチボールだった。

むちのようにしなる腕から放たれた白球は、ググッと勢いよく最後に伸び上がる。テークバックの腕は真っすぐに下がり、腕を担ぐようなしぐさもない。他の投手陣、コーチの目が自然と集まる。全力投球ではない、距離もわずか20メートル。それでも一目で分かる圧倒的な迫力。岩手が誇る黄金左腕を甘く見てはならない。「球速は戻るのか」など愚問だったと恥じた。

春先に左肩が下がっていた歩き方も平行に戻った。「いいね」と声を掛けると、「そうですね、痛みも感じないし、思い切り腕を振る怖さもない」と充実した表情だった。

「やっぱり自分のためだけに頑張っても駄目。岩手のために頑張ろうと思った時に、初めて野心だったものが『ビジョン』に変わる。きょうはここまでやろうとか、目標に向かって努力ができる。花巻東の時も日本一になりたいってだけでじゃ、絶対にあそこまで行けなかった。全員が『岩手の野球をなめてもらっちゃ困る』と使命感を持って戦っていた。誰かのためにって考えた時に、持てる力以上のものが出せる」

今季は古里岩手から力をもらったと感謝する。つらい時、毎日のように届いたファンレターだ。「岩手から届く手紙は『今はもっと苦しめ。悩み抜け』って来るんですよ。普通は頑張れじゃないですか。それで最後に『いつか努力の報われる時が来る』って応援してくれる。頑張れよりも、ずっと心を揺さぶられた。岩手のファンは本当に深いですよ。いろいろあったけれど、分かってくれる人はいる」

来季への意気込みを聞くと「けがをしないで1軍に居残ること。12月、1月でもう一度鍛え直して、春季キャンプに備えるつもりです」と即答した。今の心境を書いてほしいと渡したボールには、考えた末に「万里一空」と書き込んだ。

「宮本武蔵の言葉です。どんなに遠く離れていても空は一つ。野球はちっぽけな世界だけど、自分が1軍で活躍する姿を見てもらって、岩手の人に『よしっ、明日も仕事頑張ろう』って思ってもらえれば最高ですね。来季こそ活躍して岩手を元気にしたい」

万里一空―。物事に動じず、冷静であれ。目標達成に向けて、自分を見失わずに励むという意味もある言葉だ。プロ1年目の試練を乗り越えた雄星の飛躍に期待したい。

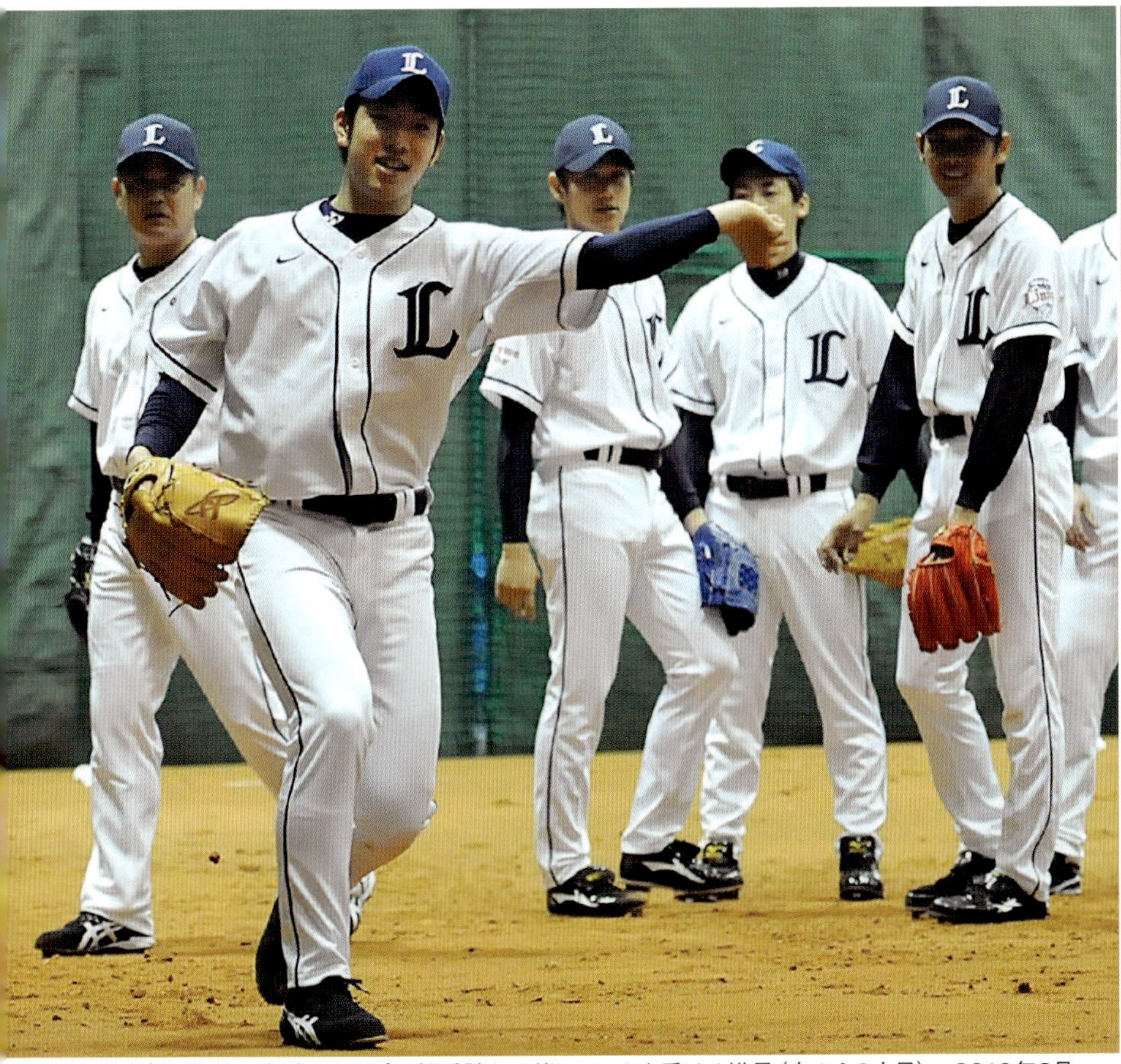

プロ1年目の春季キャンプ　投手陣と一緒にノックを受ける雄星(左から2人目)＝2010年2月、宮崎県日南市

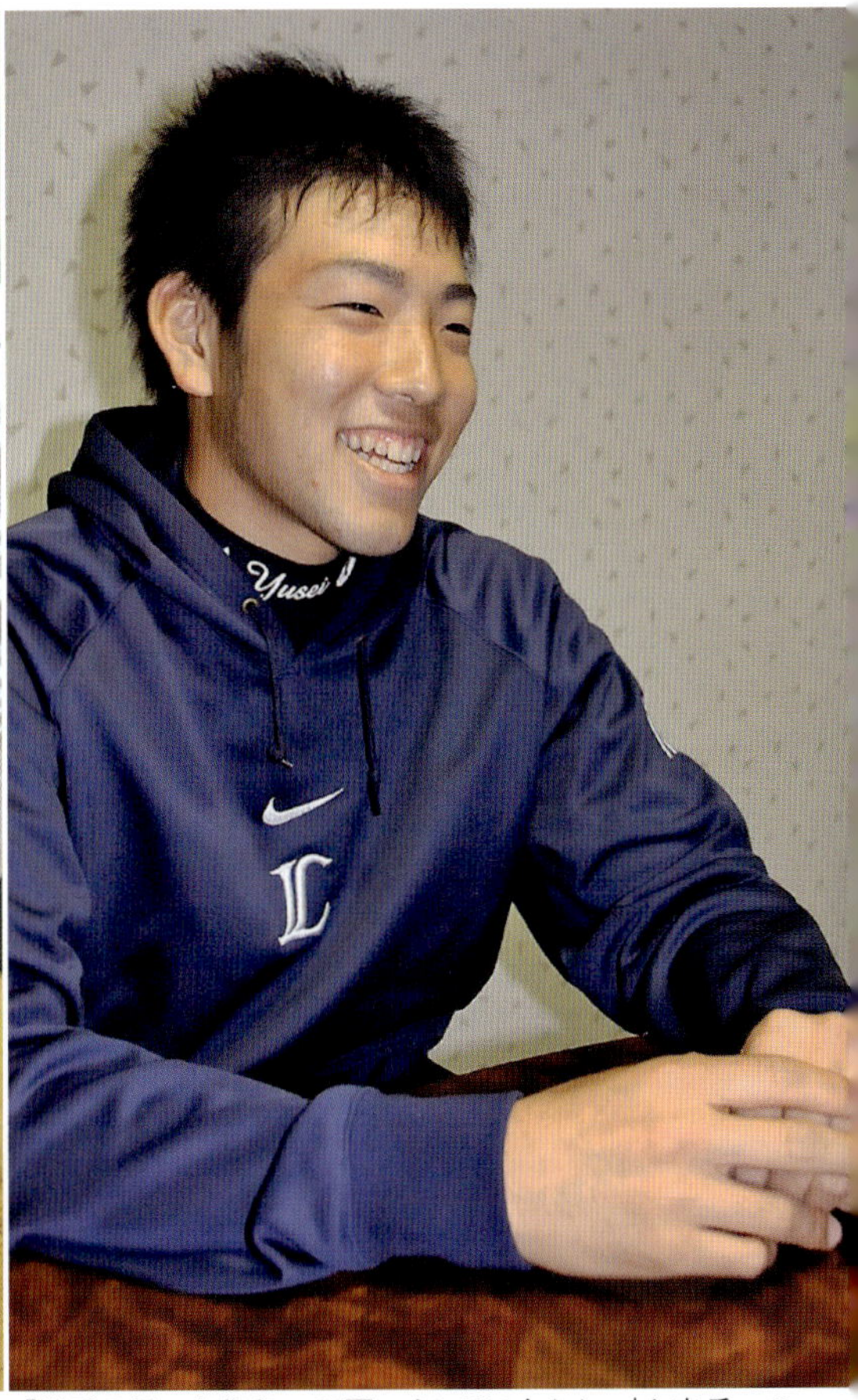

「岩手の思いを背負って1軍マウンドに立ちたい」と来季への抱負を語る雄星＝2010年11月17日、西武ライオンズ若獅子寮

8・31約束の地へ

待ち望んだ凱旋登板がいよいよ現実になりそうだ。2011年8月31日に盛岡市三ツ割の岩手県営球場で開催されるプロ野球楽天―西武戦。先発が有力となった西武の菊池雄星投手（20）は「岩手で投げることを目標にしてきて、それが今、確実につかめるところにあるのがうれしい。一番待っていてくれたのは岩手の皆さんだから…」と語る。盛岡での先発が決定的になり、渡辺久信監督も「そこしかないでしょう」。黄金左腕の古里岩手への思いと、マウンドに懸ける情熱を追う。

2011年8月 雄星は語る II

阪神戦でプロ1軍初登板初先発を遂げた＝2011年6月12日、西武ドーム

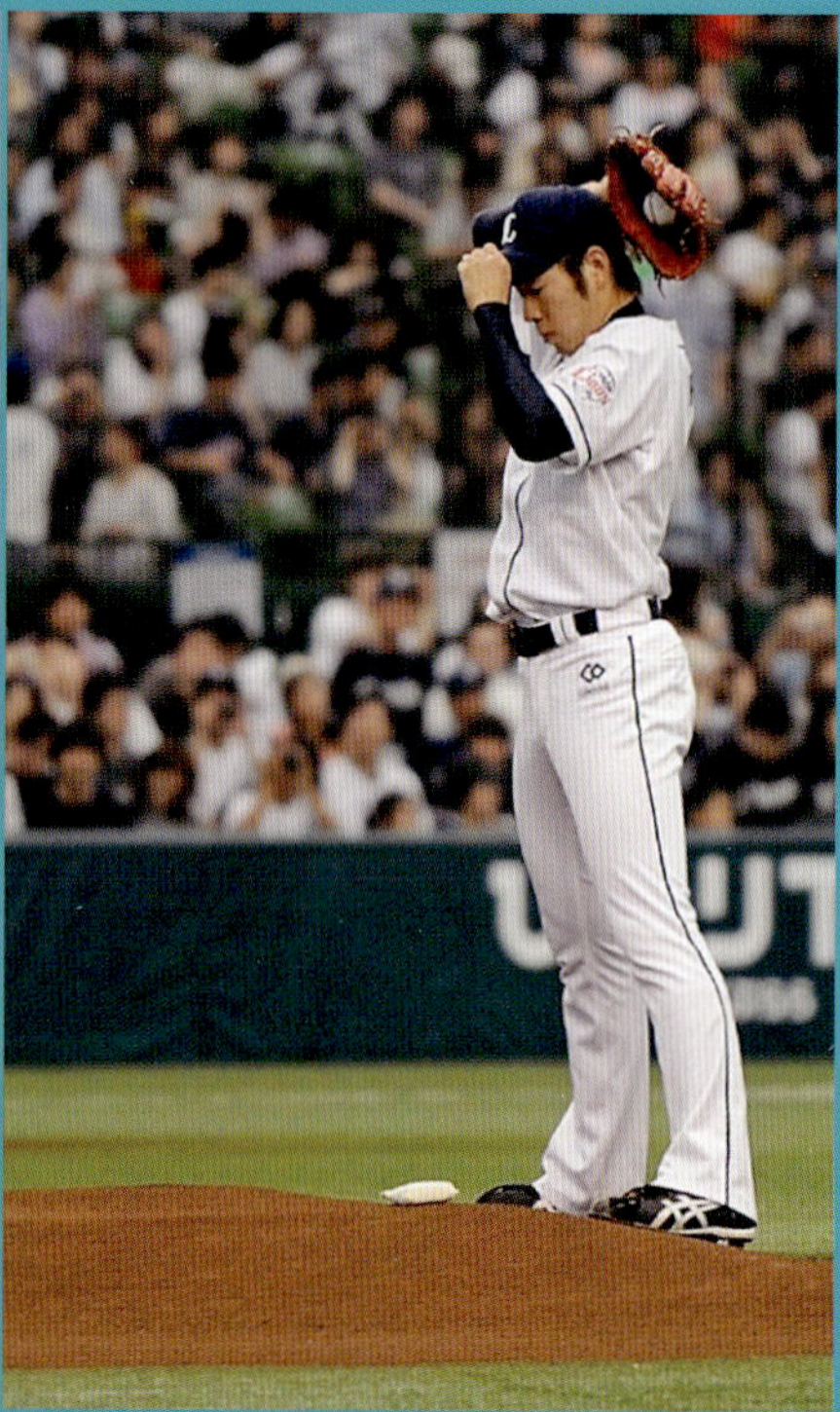

初先発のマウンド上で大歓声に包まれ「苦労が報われた」と感謝した

うれしい凱旋登板「背水の決意で3連勝」

左肩痛を克服し、どん底からはい上がった若獅子が気迫の3連勝で古里凱旋を決定付けた。待望のプロ初先発は11年6月12日に西武ドームで行われた阪神とのセ・パ交流戦。大歓声に迎えられ、マウンドに立つと、猛虎打線に真っ向勝負を挑み3回途中4失点で無念の降板。カウントを悪くして直球を痛打される苦しい内容だったが、打線の援護で黒星は帳消しになった。「真っすぐだけでは狙われる。もっと内角を突き、変化球を工夫したい」。投球面では冷静に分析したが、この日は「思い切り投げられただけでうれしかった」と振り返った。地道なリハビリに耐え、やっとつかんだ1軍初先発に感激の涙が止まらなかった。

快進撃はここから始まった。変化球で効果的にカウントを稼いだオリックス戦（同30日）は6回途中2失点で、あっさりとプロ初勝利をつかんだ。ファイターズ戦（8月11日）はイニング数を延ばし7回途中4失点と粘って2勝目。楽天戦（同18日）は1失点完投で勝利を飾り、着実なステップアップでチームの信頼を勝ち取った。

「6月まで1軍で投げていなかった

し、駄目かと思っていた時もある。一番うれしかったのは結果を伴って岩手に戻れること。地元だからってだけで投げさせてもらっても悔しいじゃないですか」と今なら笑って話せる。

一度でも打ち込まれたら終わり──。1軍デビューから残り2カ月というタイムリミットとの戦いだった。2軍調整に回ってしまえば、盛岡登板に間に合わない。毎試合がラストチャンス。背番号17は必死に夢をつないだ。

高卒2年目で先発を任されただけでも驚きだが、さらに3勝。それなのに雄星は妙に素っ気ない。何を質問しても「まあ、そうっスね」と「打線のおかげ」の繰り返しだ。理由を聞くと、衝撃的な答えが返ってきた。「今だって理想のピッチングじゃないんですよ。本当はもっともっと三振を取りたいし、もともと打たせて取るのが持ち味でもないし…」

「プロ初勝利」の文字と、試合の日付が入ったウイニングボール

チーム内の競争に生き残るためには結果を残すしかない。悩んだ末に選んだのが、丁寧に低めを突いて打たせて取る投球だった。カットボール、チェンジアップで打者のタイミングを外し、凡打の山を築く「大人の投球」が悪いわけではない。「まだ左肩痛から復帰して1年。来年、再来年はもっと球威が上がってくるだろうが、今はこれしかできない、打たせて取るしかなかったんですよ」と続けた。

150キロに迫る球威はまだ回復途上だが、それでも勝った。どこまで成長するのか。背番号17のすごみを感じさせる一言だった。

懐かしい県営球場「信念が伝わる投球を」

雄星のマウンドには華がある。弾むような躍動感あふれる投球フォーム。腕がしなり快速球がミットをたたく。直球かスライダーか。素人でも分かる二者択一で強打者を抑えるのだから痛快だ。何かが起きそうな期待感に引き寄せられ、球場に足を運んだ観客は背番号17に熱いエールを送る。

「物語」を引き寄せる投手だ。8月18日の楽天戦では3勝目をつかんだが、無失点で迎えた九回1死からベテランの山崎武司に左越えソロを喫して、プロ初完封を逃した。渡辺久信監督は「まだ完封は早いぞと山崎に教えてもらった」と一言。果たせなかった完封を巡る新たな物語が生まれた。一方、本人は「新しい変化球が増えたわけでもないし、何もピッチングは変えていない。予想以上のペースで自分でも不思議」と素直に初完投を喜んだ。

「これまで五回まで抑えようとか自分で壁を作って、そこを越えると、ぽっと抜けてやられていた。試合前から完投を意識して臨んだら、変な動揺もなかった。初回から全力で飛ばして気が付いたら八、九回って感じです」。気持ちの持ち方だけで済む話ではないはずだが「高校時代でも同じ。一人で投げ抜く決意って大切ですね」と信じて疑わない。それが雄星だ。

プロになっても野球を楽しむ姿勢は変わらない。山崎のプロ通算400号というメモリアルアーチにも「こっちは完封まであと2人。どうしても山崎さんから三振が取りたかったんですよ。最後は真っすぐで行きたくて、その一つ前の球。置きに行ったスライダーを完璧にやられました」と、なぜか楽しそうに振り返った。

左翼席に飛び込んだ打球を見ながら苦笑いを浮かべた左腕は「あそこまでパチーンって行かれると『うわぁー、やっぱりすごいなー』ってだけです。思わず口がポカーンってなってマウンドで笑っていた。こっちだけが熱くなって、向こうは冷静。山崎さんは別格っす。400号って考えられない数字ですよ」と拍子抜けするほど屈託がない。一投一打にすべてを懸けて勝利を目指すのがプロだが、それだけでは語りきれない思いがある。純粋に打者との勝負を楽しむ余裕が生まれた証拠だろう。

懐かしい県営球場が凱旋登板を待っている。「(東日本大震災で)被災した沿岸からも自分の稼いだお金で観戦に来てくれる人がいるかもしれない。これだけプレッシャーのかかる試合はないですよ。下手な投球はできないし、ただ投げるんじゃなくて絶対に勝つ。やんなきゃいけない特別な試合です」と早くも気合十分だ。

さあ約束の地へ──。「これぞ雄星」という圧巻の投球を期待しよう。進化を続ける若獅子は「県営は一番成長させてもらった球場。自分のパワースポットですね。皆さんの声援にパワーをもらって、一気に飛躍するためのマウンドにしたい。何かを強く願うことの大切さ、信念が伝わる投球をする。楽しみにしていてください」と意気込んだ。

Ⅲ 雄星は語る 2011年8月31日

県営球場凱旋登板

「お帰り、雄星」—。2011年8月31日、盛岡市三ツ割の岩手県営球場で行われた楽天—西武戦で、菊池雄星投手が凱旋登板を果たした。試合は楽天が4—3で勝利。雄星は先発し8回を投げ4失点。勝利を飾ることはできなかったが、2試合連続完投で成長した姿を見せた。

県内楽天戦で過去最高の1万4979人が来場し、外野芝生席まで埋まった。「待ってた雄星」「頑張れ岩手の星」と、手作りうちわや横断幕が躍る満員のスタンド。カクテル光線を浴びながら、雨上がりのマウンドに背番号17が向かうと、楽天の一塁側応援席からも大きな拍手。高校野球で岩手が一つになった2009年夏、花巻東高時代の県大会決勝以来、768日ぶりとなる県営球場での勇姿を地元岩手のファンが温かく迎えた。

初回1死一、二塁のピンチで楽天の主砲山崎武司を遊ゴロ併殺に仕留めるなど、序盤は丁寧に低めを突き無失点でしのいだ。悔やまれるのは四回の一球だった。無死一、二塁で再び山崎を迎え、カウント2―2から投じたのは初回と同じチェンジアップ。甘く入った126キロを左翼席最後列まで運ばれ痛恨の3失点。失意の左腕は「もう一度併殺を狙ったが、ど真ん中に入った。あの一球だけが悔しい」と肩を落とした。豪快にすくい上げて先制3ランを突き刺した山崎は「ホームランを打ってやろうと、思い切っていった。本当なら東北楽天一色のはずなのに、きょうは雄星ファンが多かったですね。(雄星は)息子でもいいくらいの年の差でいつも複雑だが、プロで戦っている真

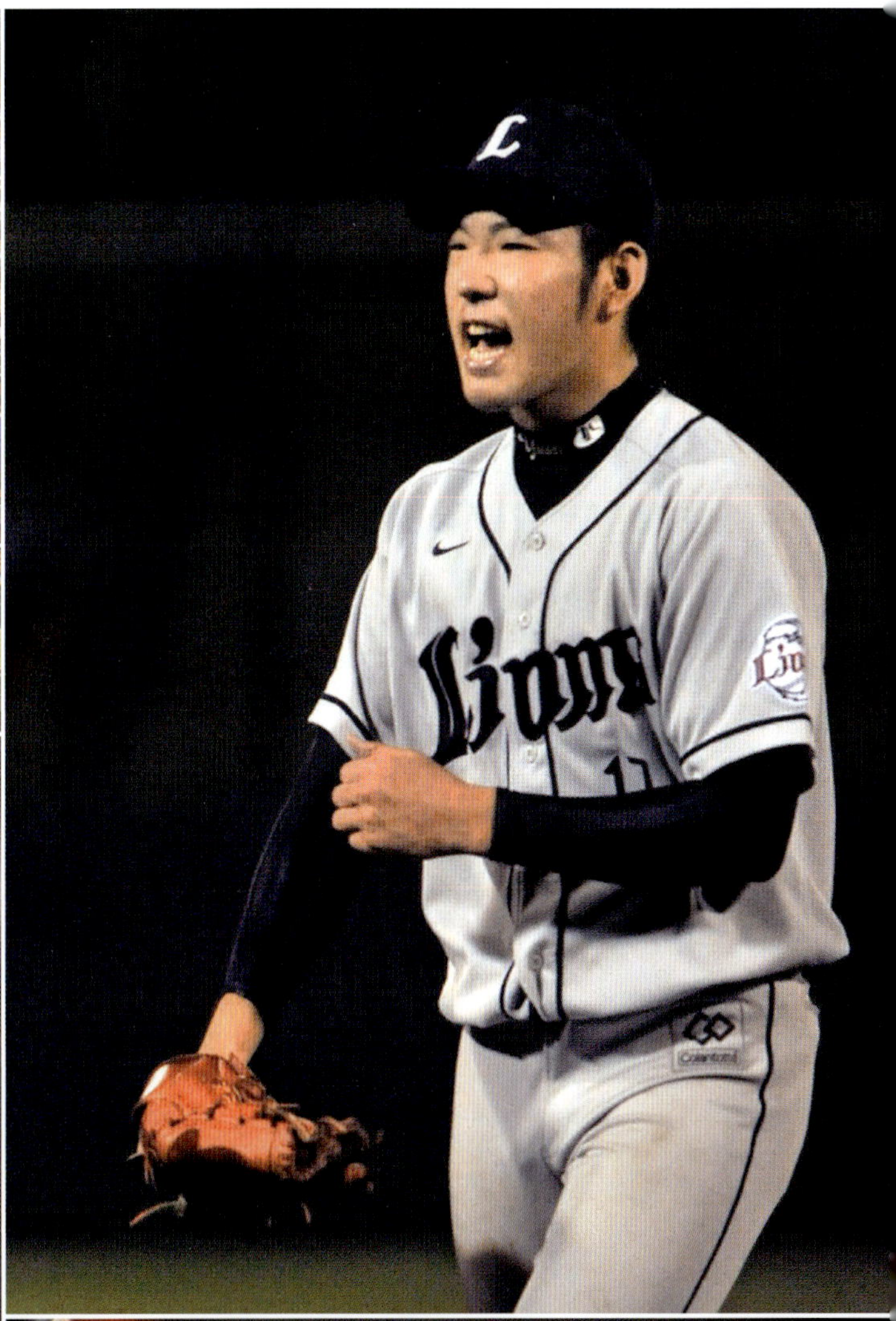

剣勝負だから。久しぶりにいい当たりで気持ち良かった」と貫禄を示した。

　渡辺久信監督は「バッテリーがあまりにも若かった。球種の選択ミス。（山崎が）初回の併殺でマークしていた球でストライクを取りに行ったのがすべて」と冷静に分析する一方で、「きょうはあえて投げさせた。雄星はよく投げた。失点は3ランとポテンヒットの1点。ここ（岩手）で投げる意味もあった。東北を元気にする気持ち、諦めない姿勢は最後まで持って投げた。岩手のファンをありがたく思っている」と、東日本大震災の被災県での一戦に思いを込めた。

　雄星にとって県営は特別な思いがあった。思い出すのは06年の楽天―西武戦。「両球団のグッズを大量購入して、松坂（大輔）さんの投球をワクワクしながら見ていた」。見前中3年だったころの懐かしい光景が今でもよみがえる。寒風もお構いなしに155キロを連発した剛腕にしびれた。

　あれから5年―。少年はプロ野球選手となり、西武のユニホームでマウンドに帰ってきた。最速は147キロにとどまり今季初黒星。ほろ苦い登板だったかもしれないが、「岩手の皆さんにこんなに喜んでもらって幸せ者だと感じた。次はもっといい投手になって

戻ってきたい」と悔しさをばねに飛躍を期す。鳴り止まない「雄星コール」。117球の熱投をたたえる古里の声援が、背番号17を優しく包み込んだ。

2013年春、宮崎県日南市で行われたキャンプ初日の夜だった。雄星に誘われて食事へ。「実は自分、車買ったんですよ」と意外な告白。1500万円で購入したポルシェの話を熱っぽく語った。

当初700万円の国産車に決めたが「自分がワクワクするか」と考え直して変更したという。「今の年俸を考えて車を決めちゃいけない。今の自分に合わせちゃ駄目なんですよ。自分は絶対に成功し、一流になるんだと信じてのポルシェです」と言い張った。こちらが「色違いで同じ小型車を15台買う方がワイルドだろう？」と冗談で返すと、「誰にあげるんですか。ワクワク感が大事なんです」と力説された。

「そもそも免許取ったの？」と聞き直すと、「実技は合格したけど、筆記試験は来週だったかな…」と衝撃の一言。免許もないのに高級外車を購入したらしい。「だから次のオフは、友達と一緒に運転して所沢から岩手に帰省しますよ」と不敵な笑みを浮かべた。

疲労回復のために入団時に購入し、即座に壊した酸素カプセルの悲劇を忘れたのだろうか。きっと何か

え!? ポルシェ?

「今の自分に合わせちゃ駄目なんですよ」

をやらかすと思っていたら、案の定「駐車場に置いて食事をしていたら、誰かに十円玉で傷をつけられた」という。雄星らしい笑い話だ。フォークボールは苦手だが、エピソードトークはしっかり落とす。

当時21歳。自ら「今の身の丈に合っていないのは分かっている」と語った高級外車購入は、ネット上で「似合わない」「ポルシェは早すぎる」などと批判された。だが、すべては想定内。周囲の目がプレッシャーになることも見越した上で、自分のモチベーションを上げるための決断であり、心を律するための「投資」だったと言える。

「人生が
夢を作るのではない。
夢が人生を作る」

「どこへ行きたいか
分からなければ、
目的地に着いても
気付かない」

雄星のユニークに見える行動は、人生哲学を自己流に解釈した結果だ。

1.春季キャンプのバント処理の練習で軽快な動きを見せる=2013年2月10日、宮崎県日南市　2.ロッテジャイアンツとの練習試合で3イニングを無安打、無失点に抑え笑顔でベンチに戻る雄星（左）と上本達之捕手=2013年2月14日　3.紅白戦登板の翌日はノースロー調整。外野ポール間を黙々と走り続けた=2013年2月11日　4.下半身強化の一環で打撃練習を行う。左打席に続き、右打席でもバットを振り込んだ=2013年2月11日　5.楽天戦に登板し笑顔を見せる雄星=2013年7月12日、Kスタ宮城

は 語 る

Part 2

信念

左肩痛を乗り越え、着々とプロで実績を重ねた雄星。
思い悩んだ投球フォーム、新たな変化球の習得。
先発ローテーションを勝ち取り、
岩手が誇る快速左腕は飛躍を続けた。
無駄をそぎ落としシンプルになっていく思考と、
野球への真っすぐな情熱。
目標から逆算しながら黙々と努力を続けた日々には、
高校時代から変わらない「雄星イズム」が貫かれていた。

雄星

3年目の決意

菊池雄星投手は年末年始に約2週間の帰省を終え、プロ3年目のシーズンへ決意を新たにした。来季の目標は「一つでも多く勝つこと。(4勝1敗の)昨季はいいきっかけを作れた。それを上回るために今までと一緒じゃないことをやっていく」。周囲は「次は10勝」「150㌔復活だ」と期待するが、本人は控えめな抱負を繰り返すだけ。拍子抜けするほど自然体で語る姿こそ自信の裏返しか。20歳の若武者は静かな闘志を胸に、さらなる高みを目指す。

2012年1月 雄星は語る IV

けがの不安も乗り越え、充実のキャンプを送る。練習中は笑顔が絶えない＝2012年2月8日、宮崎県日南市

ノックの嵐を受けた雄星(右)と大石達也投手。将来のエースを託され、ドラフト1位コンビが競い合う＝2012年2月8日

先発登板する練習試合に向け、ブルペンで投げ込む＝2012年2月16日、宮崎県日南市

古里岩手で成人式に出席し、親友の鹿川雄翔さんらとの再会を喜ぶ雄星（左から2人目）＝2012年1月8日、盛岡市アイスアリーナ

どん底からの4勝「忘れられる怖さ実感」

年明け早々、懐かしい顔に囲まれ、雄星は上機嫌だった。一人で酒は飲まないが、この日は赤ワイン。「もっと炭水化物をください」。イタリア料理店に来て、栄養成分で注文する人間を初めて見た。しばらくすると、大皿のパスタが運ばれてきた。

2年目の昨季はプロ初白星を含む4勝1敗。「うれしさは全然ない。ただ、ほっとした部分はある」。それは何度も聞いた。知りたいのは本音だ。「ドラフト1位は一度忘れられたら終わりなんです。再びはい上がるのは本当に難しい。自分は1年目も左肩痛で投げていないし、2年目で成績を残せなかったら、雄星は駄目だとなる。だから、どうしても勝ちたかった。勝ち星の数じゃなくて、その意味でほっとできた1年だった」。忘れられる怖さ、意外な言葉だ。故障の影響と自らの将来をそこまで深刻に考えていたことに驚いた。

実はプロ1年目を終えた秋季キャンプでも同じことを語っている。リハビリ生活に耐えていた雄星は「プロに入って力の差を感じるか？いや、自分で決まったと思う球を打たれたら、もう終わりなんですよ。下位指名や育成選手なら成長を期待してもらえるが、ドラフト1位は違う。絶対に打たれない球があるから1位指名なんです。当然すべてが最高の球ではないけれど、いい球の確率をどれだけ高めるか。それが一流と二流を分ける」。うぬぼれか、自負心か。未勝利投手が語る言葉ではない。彼はどん底の状況でも自分を信じていた。

防御率4・14。制球力、球威とも回復の途上だったが、しっかり指にかかった球は打たれていない。「あとは精度。いい球を投げる確率ですね。試合で早く150キロを出して球威からも『解放』されてスッキリしたい」と屈託のない笑顔で語った。

「自分を信じる力」が背番号17を突き動かす。「本当にうれしいのは先発ローテに入ってから最後まで外れなかったこと。もし年間通して投げられれば、3回に1回勝つと10勝ですよ。結果は後からついてくる。来季もまず先発枠に残ることです」と力を込めた。彼の言葉を聞いていると、本当に2桁勝てるような気がしてくるから不思議だ。

4時間以上続いた食事会が終わると「会計は済ませてあるから大丈夫」と雄星。カッコいい振る舞いはもちろん許されない。「（人におごるのは）10勝してからにしろ」と言い返されると、「じゃあ、あと2、3年は大丈夫ですね」とにやり。雄星流の自虐ジョークだ。「大丈夫って、どういう意味だよ」「おいおい、来季で決めてくれよ」―。心が軽くなる楽しい夜だった。

V 雄星は語る

2012年11月

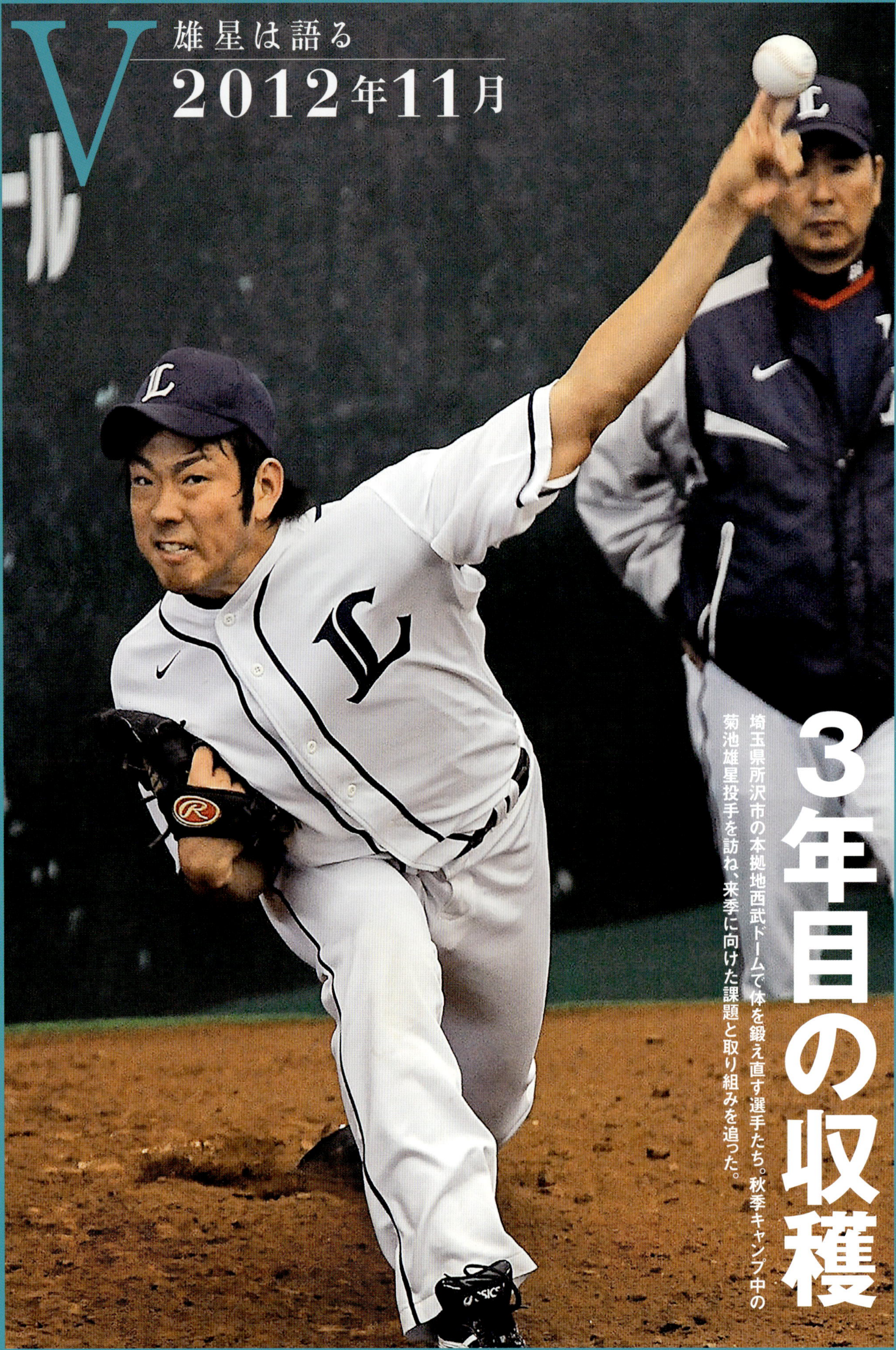

3年目の収穫

埼玉県所沢市の本拠地西武ドームで体を鍛え直す選手たち。秋季キャンプ中の菊池雄星投手を訪ね、来季に向けた課題と取り組みを追った。

球場内の階段を使い、ダッシュを繰り返す雄星（右）。「鍛られるのは今しかない」と気合を入れる＝2012年11月16日、西武ドーム

精度磨くカーブ「直球の力生かす工夫」

快速球が空気を切り裂く。キャッチャーミットをたたく勢いが違う。重みのある「ズドン」という生易しい音ではなく、ミットごとはじき飛ばしそうな「スパーン」という破裂音が響く。秋季キャンプ中の雄星は「プロに入って一番いいですよ」と自信をみなぎらせた。シーズン中に見せてほしかった…と見る者を複雑な気分にさせるほど絶好調だ。

右打者の外角低めにしっかり決めた後は、内角をえぐる真っすぐ。こちらの制球は今一つだったが、構わず「次、カーブ行きます」と投球モーションに入った。たまらずブルペン捕手が「カーブって、おまえ。休んでんちゃうか。直球を決めてからや」と、再び内角にミットを構えた。だが、雄星の狙いは違う。内角球の精度が甘いのは「痛めた左肩を本能的に守ろうとして、体の開きが早くなっているから。今は（制球力を求めても）仕方がない」と冷静そのもの。それよりもカーブが鍵になるという考えがあるからだ。

高卒3年目。1軍昇格した7月以降は先発ローテーションを守り、試合をつくった手応えと同時に、自分に足りないものが明確に浮かんでいた。変化球の精度と打者の手元で小さく変化する新たな球種の必要性だ。高校時代はスライダーを武器に三振の山を築いたが、プロで1軍レベルを経験し、考え方が180度変わった。

「自分のスライダーにびくともしないんです。高校ではギュイーンって大きく曲がるスライダーを投げておけば、勝手に相手打者の腰が引けて打ち取れた。でも、プロの1軍選手は違う。楽天のマー君（田中将大投手）みたいな縦スラ（縦に曲がるスライダー）があれば別だけど、自分は横の曲がり。ボール球は簡単に見逃されるし、コースを突いても空振りが取れない」とレベルの高さに驚く。

昨季も好投しながら甘く入ったスライダーを痛打される場面が目立った。変化球はスライダーとカーブのみ。カーブが決まらず「スライダーが勝負球の日は負ける」と本人も理解している。「絶対的に球種が少ない。自分が投げるのは速さのあるスライダーで、直球と大差がない。だから（カーブが決まらず）相手に直球とスライダーを待たれたら終わり」と分析する。

裏を返せば、打者のタイミングを外すカーブが決まれば、勝てる自信もある。「カーブが決まった試合は好投でき、駄目なら打たれた。来季もカーブが鍵。そして、もう一つは落ちる球ですね。チェンジアップは抜けが悪いので、今のところはフォークかな」と、来季を見据える。

「次、カーブ行きます」—。直球を見せた直後に、落差のある変化球。緩急を使えば、威力十分の真っすぐが生きる。単なる練習で終わらせない、高い目的意識が背番号17の真骨頂だ。

体重減の取り組み「来季10勝」へ鍛える

ダイエット始めました—。冷やし中華か、かき氷の宣伝文句を思わせる軽い一言だった。雄星は今オフ、体重管理に神経を使っているという。2011年オフには「体重を増やしてパワーをつける。今しかできない肉体改造です」と意気込んでいただけに驚く。正反対の方針だった。

正気か。また思いつきで始めたのかと理由を問うと、思いがけず真面目な答えが返ってきた。「2軍にいた時は、午後7時ごろに夕食が終わるから良かったんですよ。でも1軍はナイターでしょ？試合が終わって夜11時、深夜から食べなきゃならない。しかもホテルの食事中心。プロ選手は体が大きい

人1組で腹筋を鍛える雄星（左）。きつい練習の中でも
しそうな表情が見られた

3年目のシーズン1軍初登板で8回3失点と好投した雄星
=2012年7月1日、西武ドーム

と言われるけれど、自分はブクブク太っただけ。シーズン中は体重90キロぐらいだけど、実は体が重いって感じていたんです」と真剣だ。1軍で投げ続けたからこそ分かった反省点でもある。

秋季キャンプ中の減量で現在85キロ。最終的には83キロを目指すという。「体は軽くするけれど、筋トレはガンガンやりますよ」とにやり。プロ3年間で仕上げてきた迫力満点のエンジンと、引き締まった軽量ボディーを組み合わせる新たな挑戦だ。

「胃袋が小さくなると、人間って食べたいとも思わなくなるんですね。サプリメントも十数種類は飲んでいるし大丈夫ですよ」。大丈夫なわけがない。減量はやめた方がいい気がするが、本人は満面の笑みだった。

キャンプでは黙々と走り込む。汗をしたたらせて球場内で階段ダッシュや400メートル走など、さまざまなメニューをこなす。だが、冷静に考えると、結局ずっと走っているだけだ。失礼を承知で「野球はそんなに楽しい？」と聞いてみると「楽しいですねー。それに鍛えられるのって、実は今しかないんですよ」と即答した。

「春先にキャンプが始まれば、（選手間の）アピール合戦になるし、シーズンに入れば、体調維持が優先。プロは結果が全て。正直、いつも何かに追われている気はしている。でも、それって現役選手である限り一生続くし、何かに追われてヒリヒリする感覚も嫌いじゃない。自分は一人が好きだし、目標に向かってコツコツ鍛えるのも好きなんですよ」と笑った。

どれほど高く目標を掲げても、結果が出なければ意味がない。好不調を見極めた上で現状を受け入れ、その中でいかに最高のパフォーマンスを出すかに集中する。それがプロ3年目を終えた今の心境だ。そして「来季は10勝します」と自分から宣言してみせた。数字上の目標を挙げることは極めて珍しい。「投球フォームや感覚は戻ってきた。来季こそ見ててください」。21歳の若獅子が発散する希望に満ちた陽気なオーラが来季の大ブレークを予感させた。

汗をしたたらせながら、黙々と
ダッシュを繰り返す

VI 雄星は語る 2017年11月

8年目の真価

8年目のシーズンを終えた菊池雄星投手は2017年11月初旬に3日間だけ帰省し、岩手日報社の単独インタビューに答えた。最多勝（16勝6敗）と最優秀防御率1・97の投手2冠と躍動した今季。クライマックスシリーズ終了後は、米国シカゴに1週間、東京で2週間過ごし、最後は岩手で「好きなものを好きなだけ食べる旅」を楽しんだ。故障とリハビリを乗り越え、進化を遂げた8年間の足跡を本人の言葉からたどる。

もう一人の自分
「投球俯瞰《ふかん》する新感覚」

「お久しぶりです」。鍛え抜いた肉体から放たれる素朴で明るいオーラがまぶしい。大きな格子柄の青いジャケットに黒いシャツ、白いズボンの生地はパツンパツンに張っている。花巻市湯本の花巻温泉にある喫茶店「カフェ・ド・蔵」に笑顔で現れた。

最初の質問は「投手2冠、この活躍は頭にあったか」だった。雄星はしばらく考えた末に「ありましたね。7年間でいろいろな経験を積み、もう準備はできたと思えた。自信を持って臨んだシーズンでした」と答えた。「今季は追い込んでから三振が取れた。昨年までは追い込むまで行けても、そこから時間がかかった。捕手にも伝えていたんです。3球勝負で行かせてくれって。無駄球なしです」と胸を張った。

それを可能にしたのは今季最速158キロをマークした球威であり、求め続けた直球の質だ。投球フォームが固まり、踏み込んだ右足の股関節を中心とした体全体の回転運動が抜群の球威を生む。雄星の早口は一気に加速した。

「今までは自分が投げていたんですよ。でも今季はドローンで自分を俯瞰《ふかん》した感じで投げていた。一歩引いた位置で、自分の投球を見ている感覚です。体が前に突っ込みすぎていたらブレーキをかけたり修正する。右股関節を軸にマウンドと垂直方向に1本の線があって、それを中心に回転しているかどうか。あっ…でも、この話たぶん誰も興味ないですよ」。大丈夫。こちらもメモを取るのを諦めた。

幽体離脱投法か…。「ミットは見ないのか」と問い掛けたが、真顔で「投げる時は打者も捕手のミットもあんまり見ない。ぼんやり感じるだけ。当事者になってしまうと駄目なんです。ミットを見たら、どうしても力む」と説明した。

もう一人の自分とは「メジャーで活躍する数年後の自分」であり、司令塔役となり常に投球を客観視してきた。「それができる時はいいけれど、できない時もある。駄目なら気合でごまかす」。花巻東高時代に派手なガッツポーズで甲子園を沸かせたのに、今さらそれはない。

猛スピードでまくし立てる不思議な投球理論は正直面倒くさいが、この熱さが懐かしい。球界を代表する投手になっても「雄星」はそのままだった。

7年間の苦しみ
「追い求めた直球の質」

雄星は「記者陣から『今年1年、何を変えたのか』とよく聞かれるけれど、何も変えていないんですよ」と困惑する。彼の言う通りだ。21歳の高卒3年目に「プロで力の差を感じるか」と問われ、「自分で決まったと思う球が打たれたら、もう終わり。ドラフト1位は絶対に打たれない球があるから1位なんです。いい球の確率をどう高めるかが一流と二流を分ける」と語っている。

求めてきたのは直球の質だ。納得できる球が高校時代は10球のうち1球とすれば、今は6、7球に精度が上がった。「最高の球自体は今も昔も変わらないかもしれない。でもプロで打たれながら覚えたこと、こうすればけがをするっていう経験がある。7年間の苦しみが今につながっている」と振り返った。

高卒1年目を左肩痛のリハビリに費やし、回復途上の2年目に4勝しながらインターネット上で「雄星は終わった」と騒がれた。故障に耐え、野球以外でも心を乱された苦悩の日々があった。

1.2年目の春季キャンプで軽やかな動きを見せる雄星（中央）＝2011年2月18日、宮崎県日南市　2.プロ1年目の2軍戦で初白星を挙げた雄星＝2010年5月4日、Kスタ宮城

ルーキーイヤーの2010年。当時の2軍コーチが勝手な罰金制度で若手選手から1人20万～30万円を集めて、飲食代などに充てていた問題から暴行騒動に巻き込まれた。球団が注意すると、コーチは雄星の告げ口と思い込み、正座をさせた上で殴りつけた。

さらに「夜遊びを注意していたら、(雄星が)殴りかかってきた」と嘘の言い訳を重ねた。こうした話がネット上に広がった形だが、誰が流した情報なのかは不明だ。

雄星は「まだ未成年で、リハビリ治療に毎日通っていたのに、それさえ『夜遊び』と言われ、弁護士事務所に行かされて裁判の準備までさせられた。言い返したくても無理なんですよ」と当時の心境を明かした。

今季の2段モーション問題についても「いっぱい選手がいる中で、なぜ自分だけなんだって。投球フォームが(反則の)黒なら仕方ないが、今じゃなくてもいい。シーズン後でもいい。あらゆる経験すべきことと、経験しなくていいことが詰まった8年間。もう運命ですよ」と笑い飛ばした。

プロ1年目の言葉が重なる。「(リハビリ生活で)ぶっちぎりのどん底だからこそ、ぶっちぎりにカッコよくありたい。今は評価されなくたっていい。

いつか最高の結果で理解してもらえる日が来ますから」
何を変えたのか―。冗談じゃない。逆境の中、自分を信じるしかなかった孤独な闘いがようやく報われた投手2冠だった。

ハッピーオーラ「妻の笑顔に救われる」

花巻市湯本の喫茶店「カフェ・ド・蔵」で話し続けて1時間半―。2杯目のコーヒーを飲みながら雄星は私生活について語り始めた。NHK―BS1「ワールドスポーツMLB」に出演していたフリーキャスターの深津瑠美さんと2016年に結婚。2年間振られ続けても「決してあきらめない」という花巻東精神を貫いた。

結婚ですべてが変わった。「食事や栄養学は自分でも勉強できるけれど、彼女のハッピーオーラに救われる。一昨年までは試合で負けると、一人でドーンと落ち込み、映像を見てまた落ち込んで1日が終わりでしたから」と苦笑する。

「結婚してよかった。すごく逆説的だけど、野球を考える時間が減りました。今まで24時間すべて野球だったけれど、今は球場だけ。彼女はそもそも

「妻の笑顔に救われる」と語る雄星（右）と妻瑠美さん

野球に詳しくなくて『一塁手ってどこ？』というレベル。家では野球の話は一切なしです」と柔和な笑みを浮かべた。

今回の旅も気分転換の一つだ。「シーズン後の1カ月だけは何も考えず、好きなものを食べまくる」。クライマックスシリーズ終了後は米国シカゴに飛び、メジャーリーグ観戦などで約1週間、東京に戻って2週間を過ごし、最後は岩手で3日間。大好きな盛岡じゃじゃ麺を食べて、練習を再開するという。「一人だったら、できていないですよ」とオンとオフの切り替えを楽しむ毎日だ。

「主人がいつもお世話になっています」―。インタビュー開始から2時間近くなり、妻瑠美さんが様子を見に喫茶店に現れた。西洋人形のような愛らしい顔立ちで、雄星の隣にちょこんと座り、ニコニコしている。「これがハッピーオーラか…」と納得した。

瑠美さんは「家庭では野球の話はしないようにしています。主人が話せば聞くけれど、それ以上は聞かないですね」とさらり。「メジャーリーグの番組も担当が決まってから一から勉強したので、メジャーしか知らないんですよ」と明かした。

妻の登場で、主人と呼ばれる男は

1.楽天のウィーラーを空振り三振に仕留めガッツポーズする雄星。シーズン200奪三振を達成した＝2017年9月14日、Koboパーク宮城　2.楽天戦で圧巻の投球を見せ、シーズン15勝目を挙げる　3.西武の辻発彦監督とともに笑顔がのぞく雄星（右）　4.2017年シーズンは最多勝、最優秀防御率、ベストナインを受賞するなど大活躍の年だった

投球理論について熱っぽく語る

すっかり挙動不審だ。目が泳ぎ、周囲をきょろきょろ。神経質なほど気を使い、これまで断ってきたツーショット写真の撮影もなぜか解禁。気が動転していたに違いない。瑠美さんは「こちらの家族も喜んでくれるかな」と心底楽しそうだ。

「ファンレターをくれるのはおばあちゃんだけですよ」と嘆いていた暗黒の高校時代を知る者として、これほどうれしい取材はなかった。

原点回帰「忘れていた楽しさ」

雄星は花巻東高時代に日米20球団と面談するなど当時から大リーグ志望を明確にしてきた。メジャー挑戦の気持ちは今も変わらない。

「自分は行くもんだと思って練習しているし、今季が一つの区切りになる。目安として3年連続2桁勝利などと報道されているが、ポスティング制度が変わるところで何も言えない。みんなに認めてもらえる成績を残したい」と力を込めた。

プロ8年間を過ごし、結局戻ってきたのは「部活の延長」という感覚だった。「昨季あたりまでは、野球が仕事と考えていたが、今は楽しくて仕方がない。チームが勝つっていいよねとか。メジャー挑戦だって金銭面がどうこうじゃない。日本の方が安定する人もいる。でも、なぜ行きたいか。結局、部活みたいに楽しくワクワクしたいんですよ」と言い切る。どこまでも正直すぎる言葉だ。

「1年目は野球界に残れるかを考えていた。コーチ相手に裁判準備なんてやってるんだから。でも、今はようやく野球で生きているだけで幸せと感じるようになった。つらいこともいろいろ経験したけれど、一周してやっと高校時代みたいな感覚に戻ってきた」と心境を表現した。

一昨年は携帯電話も持たずに約1週間、山ごもりを経験。なぜ野球をやっているのか。1日中正座し、自問自答を続けたという。目に浮かんだのは母とのキャッチボールだった。速球を喜ぶ母に、もっと強い球を投げようと練習に取り組んだ少年時代。甲子園でともに戦った花巻東高の監督や仲間の姿が思い浮かび、自然と涙が流れた。

「プロに入って薄らいだり、忘れてしまっていた感覚です。楽しむこと。本当はそれが原点。それしかない」と言葉を重ねた。

当然、楽しむだけで勝ち続けることはできない。「試合は27球で終わらせたいけれど、練習では何百球かけてもスピードを求めます。160キロも出したい」とこだわる。「筋トレも誰にも負けない量をこなしている。（現役引退に向かって）いつか山を下る時は来るけれど、今はガンガン上り続ける時。20代の練習が全てを決める。練習しかないんですよ」と語った。

「自分は回り道をすごくしたと思う。最短距離の成長を自分もみんなも思い描いていたけれど、（成績は）波打つみたいに伸び悩んだ。でも、それを含めて僕のペースと受け止めるしかない。結果を見て、共感してくれる人がいればうれしい」と晴れやかな表情を見せた。

充実した8年目を終え、秋季練習に励む雄星＝2017年10月30日、メットライフドーム

練習の移動中にサインする雄星。長蛇の列となり「即席サイン会」は20分近くに及んだ＝2011年2月18日、宮崎県日南市

「プロとは」

雄星の流儀

高校時代からインタビュー取材のたびに、ずっと繰り返してきた質問がある。「プロフェッショナルとは何か」と「投手にとって最も重要なものは」だ。菊池雄星投手はこの哲学的な問い掛けを好んだ。「また、それですか」「難しいんですよ」と文句を言いながらも、毎回じっくり考え込んでくれる。トップアスリートは、いったい何を考えながらプロ人生と向き合っているのか。理想の投手像はどう変化していくのか。雄星を追いかけた取材ノートから当時の発言を振り返る。

18歳 花巻東高3年(ドラフト1位指名で西武ライオンズへ)＝2009年12月

「野球だけじゃなくて、ファンサービスや練習、読書などすべてに努力すること。努力の過程にプロフェッショナルがある」

投手にとって最も重要なものは「相手打者との間。究極は空振りでなく、バットさえ振らせないこと」

まだプロ入り前。「四死球連発のレベルだったら、制球力って言うけど」と前置きした上で「打者との間」を挙げた。「努力の過程」を重視している点にも、雄星の人柄がにじむ。

20歳 プロ2年目のオフ＝2012年1月

「自分をまだまだといつも思えるか。それがプロフェッショナル。完璧と思ったら、そこで止まっちゃう。自分自身を信じることは他人を信じることと同じ。ぶれない使命感を持ち、誰かのために戦っていきたい」

投手にとって最も重要なものは「こいつと一緒に戦いたいと思ってもらえる背中ですね。こいつをどうにかしたいと周囲が感じる投手であるかどうか。バックを守ってくれた高校時代の仲間にも、プロに入って先輩方にも、そう言ってもらい本当にうれしかった。来季も『背中』にこだわりたい」

左肩痛のリハビリを乗り越え、2年目はプロ初勝利を含む4勝1敗。先発ローテーションをつかみたいという成長過程のひと言。個人ではなく、チームメートとの関係性を「背中」という言葉に込めた。

26歳 プロ8年目で最多勝、最優秀防御率の投手2冠＝2017年12月

「投げてる自分も、見てる人もワクワクさせる投手でありたい。技術ならタイミングと言うかもしれない。でも『また見たい』と思ってもらえる幸せを年々強く感じる。雄星の投球を見てみたいと、子どもたちが球場に来てくれて、かっこいいと思ってくれたら本当にうれしい。いずれは若手選手の方が見たいってなる世界で、見たいと思い続けてもらう。その時間が長ければ長いほど幸せな野球人生だと思う。自分も岩手の人たちが楽しみにしてくれるから、しっかりやらなきゃって力をもらってきた。いつまでもワクワクさせる投手でありたいですね」

「プロフェッショナルとは何か」と問うと、「やればやるほど野球は分からない。どう勝てばいいのか。昔はすべて分かったつもりでいたけれど、今はほとんど断言できることがない。10勝までは実力でも、12勝あたりからは運ですよ。打線との兼ね合いとか。投球の軸は大切だけど、軸の取り方はどれが正しいとも言えない。だから野球教室も最近やっていないんです。自分が『分かんねぇよ』ってなるから」

最もシンプルで力強い言葉で表現。キーワードは「ワクワクさせる投手」。個人成績で結果を残し、観客への感謝を込めた言葉に変わった。同時に野球の奥深さも痛感し「プロとは何か」は明言を避けている。

27歳 プロ9年目を終え、米大リーグ挑戦＝2018年12月

「ソクラテスの『無知の知』です。それぞれのプロフェッショナルがあり、僕にとっては『無知の知』を年々、自覚させられるのが野球。でも、だからこそ、まだまだ成長できると思える。もっと貪欲に勉強したいし、できるなら、その欲が尽きないことを願います。欲がなくなったら、きっと野球がつまらなくなるから」

投手にとって最も大事なものは「自分に軸を持っているかどうか。これで勝負するんだっていうものを自覚し、言語化できるかどうか。結局、自分をよく知るってことですね。長所を伸ばしていくことって大事だと思います」

「無知の知」という哲学領域に突入。「私は野球が分からないが、理解できていないと知っている」という堂々巡り。プロセスを大切にする姿勢は1年目と変わらないが、自分を冷静に分析する客観性が備わった。

New Journey

2019年2月25日（現地）、大リーグオープン戦で初登板した雄星

対決の軌跡

雄星VS大谷

菊池雄星（右）と大谷翔平＝2013年12月27日、花巻東高

夢広がる県人

菊池雄星と大谷翔平。
岩手の高校野球史を変えた2人は
プロ野球に続き、大リーグでも競技人生を重ねる。
本県出身のプロ野球選手が数えるほどだった時代を思えば、
岩手から大リーガー誕生など誰が思い描いていただろう。
花巻東高の先輩後輩として語り継がれる2人の「原点」。
プロ野球で実現した夢の県人対決を振り返る。

■2013年3月30日

雄星と大谷（現・エンゼルス）がプロ野球で初めて対戦したのは13年3月30日だった。花巻東高出身の県人対決は、シーズン開幕第2戦で実現。西武はプロ4年目の雄星が先発し、ファイターズのルーキー大谷は8番右翼手で出場。結果は雄星が2打席連続三振を奪い、先輩の貫禄を示した形だが、県民にとって心躍る対戦となった。

二回1死一塁で第1打席に向かう大谷が帽子に手をやり、雄星にあいさつ。憧れだった先輩の背中を追い続けた大谷と、取材陣が殺到する後輩を心配してきた雄星。確かに勝負の世界だが、2人にしか分からない感慨があっただろう。雄星は変化球で入り、140キロ台の直球で追い込み、最後は123キロのスライダーで空振り三振に仕留めた。四回1死一、二塁の第2打席は変化球を続け、再びスライダーで空振り三振。毎回走者を出したが、要所で踏ん張り、六回途中無失点と好投した。

試合は4－2で西武が勝ち、雄星がシーズン初白星。大谷は第3打席で代打を送られ、退いた。渡辺久信監督は「雄星も負けたくない気持ちがあるのでしょう。本当はもっとイニングを投げてほしい。無駄な四球で球数が増えたのが反省点ですね」と注文した。

雄星は「丁寧に行き過ぎてカウントを悪くした。チェンジアップで三振が取れたのが収穫です」と語り、大谷との対戦について記者陣から「本当はど真ん中の直球勝負がしたかったのでは」と問われると、「そんな力はありません。チームで話し合った通りの投球です」とさらり。経験を重ねた背番号17が「大人の投球」で価値ある白星をつかんだ。

3

1

2

前日の開幕戦で2安打1打点と鮮烈なデビューを飾った大谷は「抑えようと真剣勝負に来ていると感じてうれしかった」と喜び、「いい経験になった。次につなげていきたい」とリベンジを誓った。

■2014年4月12日

初の投手対決は14年4月12日。雄星は三回に突如乱れて3四球で無死満塁のピンチを招き、適時打2本と暴投で3失点。追加点を許さず6回を投げたが、無念の開幕3連敗となった。大谷は初回にプロ入り最速タイの157キロをマークするなど5回2/3を投げ1失点。10奪三振でシーズン初勝利を挙げた。

大谷は「雄星さんは今も目標の投手。チームとしていい投手に勝てたことは大きい」と手応えを語り、雄星は「大谷はすごい球を投げられてうらやましい。誰が相手でも負けたくなかった」と悔しさをにじませた。同年7月2日は雄星が6回、大谷が7回を投げ、ともに1失点で勝敗はつかなかった。

15年8月26日の投げ合いでは、大谷が初回から最速161キロを出すなどエンジン全開。8回5安打無失点、10三振を奪い13勝目(3敗)を挙げた。雄星はまたも初回に制球を乱し3失点。その後は無失点でしのいだが6回を投げ8敗目(7勝)を喫した。

■2016年9月28日

ハイライトは16年9月28日の直接対決だ。ファイターズが優勝へのマジックナンバー1で迎えた大一番。先発大谷は圧巻の1安打完封、15奪三振で3年連続の2桁となる10勝目を挙げた。プロ野球史上初の10勝、20本塁打をマークし、チームの4年ぶりのリーグ制覇に貢献した。一方の雄星も四回にレアードにソロ本塁打を許したものの、6回1失点の力投。中4日の登板で初めて規定投球回数に到達。7敗目(12勝)を喫したが「やることはやった。1点勝負になると思っていたが、大谷はそれを上回るすごいピッチングだった。大谷に勝たないと上に行けない。新しい目標ができた」と語った。

県人2人が優勝の懸かる試合で投げ合い、ともに最高のパフォーマンスで全国のファンを沸かせた。花巻東高の佐々木洋監督は「投手戦だけを臨んでいたので最少失

1.2.2人のプロ初対戦は雄星①が打者大谷②をスライダーで2打席連続の空振り三振に抑えた＝2013年3月30日、西武ドーム　3.4.初の投手対決＝2014年4月12日、札幌ドーム　5.6.リーグ優勝が懸かる試合で投げ合う雄星⑤と大谷⑥。ともに最高のパフォーマンスを見せた＝2016年9月28日、西武プリンスドーム　7.8.2年連続で開幕投手を務めた雄星⑦と打者大谷⑧の激突。雄星は開幕白星を挙げ好スタートを切った＝2017年3月31日、札幌ドーム

点でよかった」と教え子の活躍をたたえた。

■2017年3月31日

17年の開幕戦は打者大谷と激突。2年連続開幕投手の雄星は7回1失点の好投で白星発進。右足首の故障で3番指名打者の大谷は、先輩雄星から2安打を放ち意地を見せた。初回1死一塁の第1打席は外角低めの変化球で空振り三振、三回の第2打席は大谷が初球の直球をたたき右翼線二塁打。さらに六回の第3打席も直球を右前に運び3打数2安打。2打席連続三振だったルーキーイヤーの13年以来、打者として4年ぶりの同門対決で雪辱を果たした。

第3打席は西武が5点リードで迎えた六回。カウント1―1から雄星が内角へ146キロの直球を投げ込むと、大谷のバットが快音を響かせた。力強いスイングで右前に運ばれ「そこを打つのか…」。一塁ベース上の大谷と目を合わせ、苦笑いするしかなかった。雄星は「本当にすごい打者。あの内角をきれいにさばくのは、なかなかない。もっともっと対策を練り、レベルを上げないと…」と決意を新たにした。大谷は「(13年と)見え方は全く違った。それでも、やっぱりいい投手だと思った。自分としても(打撃が)良くなっているとは思う」と充実感を漂わせた。

ね。

まっすぐですよ 心の中が

雄星を語る

北海道日本ハムファイターズ

栗山 英樹監督

夏の甲子園で左腕最速の154㌔をマークした＝2009年8月20日

プロ野球選手にインタビューしたい場合は通常、球団に取材申請する。試合の囲み取材と異なり、文書形式で希望日時や取材内容を伝え、球団が認めれば取材できる。いつも了解が得られるとは限らない。シーズン中に番記者を配置しない地方新聞社には、なおさらハードルが高い。だから駄目で元々のチャレンジ精神で一応、申請書を提出してみる。「通ればラッキー」が本音だ。そして、私たちは運がよかった。

東京支社と岩手から記者2人が空路で北海道入りし、新千歳空港で合流。球団に指定されたのは「札幌ドームで午前中」だけ。信じられないほどアバウトな指示だが、それで十分。多忙な中で日程を調整してくれたのだ。本当にありがたい。わずか1時間ほどの取材のために札幌前泊となり、ジンギスカンや焼き鳥店をはしごしながら質問項目を精査し、インタビューに備えた。とにかく、私たちは運がよかった。

ドーム内のファイターズ球団事務所―。並んだ会議室には、それぞれ功労者の名前がついている。「HILMAN（ヒルマン）」「DARVISH（ダルビッシュ）」「SHINJO（新庄）」。案内してくれた球団広報は「ごめんなさいね。『大谷』は埋まっちゃってて。ラジオ収録とか取材が重なってしまって。こちらへどうぞ」とさらり。「大谷部屋」まであることに驚いた。

通されたのは「トレイ・ヒルマン」。2003年から5年間、ファイターズで指揮を執り、北海道移転元年（04年）の監督でもある。白を基調として、片方の壁一面にヒルマン元監督の巨大な写真が飾られた部屋だっ

まっすぐですよね。心の中が

北海道日本ハムファイターズ
栗山 英樹監督

た。次の取材があるため、取材時間は45分に短縮となった。球団事務所の仕事納めで忙しい日だった。

取材相手は栗山英樹監督。大リーグ・エンゼルスに進んだ大谷翔平選手のメジャー1年目を振り返ってもらうためだ。それならば、と欲が出るのが人間だ。彼はキャスター時代に花巻東高を訪れ、雄星をインタビューするなど交流は長い。「よし、こっそり雄星のことも聞いちゃおう」。駄目で元々。あとは誠意と熱意でコメントをお願いするだけだ。そう思って大谷についてのインタビューが終わる間際、雄星の話を向けた。「いいですよ、もちろん!」とまさかの快諾。栗山監督はとにかく野球に熱く、いい人だった。

「雄星、大リーグだもんね…」。

栗山監督は「本当に僕は高校野球の最初の取材が雄星だったんでね、直接取材したのは」と懐かしそうに振り返った。高校野球を伝えるテレビ番組などのスポーツキャスター時代の話だ。花巻東高の本格派左腕は「最強モンスター」と呼ばれて注目の的となり、わざわざ同校にも足を運んで取材している。

「だから、どっちかというと(大谷よりも)雄星の方が友達っぽいよね。

「最強モンスター」と呼ばれ全国から注目を浴びた

翔平に関しては（監督として）責任があるので、厳しく厳しくと思っているから。でも、雄星は『監督、何かいい本ないですか』なんて言われて、米国に行くに当たって球団広報に頼んで、まとめて本を送ったりしているから」

40分近く話し続けていたのに、そこからさらにヒートアップ。栗山監督は熱い思いを一気に吐露した。

「僕は本当に、彼と野球がやりたかった。大好きだし、何とか雄星がうちに来る作業はできないのかと球団にも言っていたんでね」

あまりにも自然だった。

「でも、僕とやるより、雄星の夢だったアメリカに行く方がいいんでね。『雄星、良かったな』と本当に思うし、周りのことを気にしないで、自分の大好きな野球を思い切りやってくれと思っています」

激熱トークに圧倒されながら、必死に食らいつく。「彼と一緒に野球がやりたかった一番の理由」を問うと、そこでようやくひと息置いて、少し考えた末に、彼はゆっくりと言葉をつないだ。

「真っすぐですよね、心の中が…。（09年夏の）甲子園ベスト4で敗れて（私も）最後のところまでいました。

夏の甲子園準決勝で中京大中京に敗れ、涙を流す雄星（中央）＝2009年8月23日

あの時の雄星は、号泣しながら『絶対プロに行って全力疾走します。ファーストまで絶対走り抜けます』『みんなの代わりにそれをやり続けます』って言っていた。そういう、あいつの野球に対する思いは、我々（ファイターズ）がそうあってほしいなと思っていることで、それをそのまま持ってくれている選手なんですよ」

「そういう選手は大活躍しないとおかしいし、活躍してほしい。僕は、そういう思いのある選手と野球をやりたかった。そういう意味では、こうして日本で結果残して、（大リーグへ）評価されて行くのはすごく良かった。すごく楽しみ。翔平のことは心配や責任がくっついているけれど、（雄星は）単純に楽しみでしょうがない。『雄星、頑張れ』と思っている。（国内の他球団選手でなくなれば）今度は普通に話せるし、メシだって一緒に食えるし、楽しみですね」

涙

あの日の

恩師佐々木洋監督が10年の封印を解く

花巻東高の佐々木洋監督(43)は、菊池雄星投手の大リーグ挑戦に何を思うのか。甲子園での快進撃、日米を巻き込んだドラフト騒動、プロ野球西武からマリナーズ入りの足跡。これまで明かすことのなかった当時の心境に迫った。

文◉村上弘明

My mentor Mr.Sasaki

何度も繰り返したのは「後輩の大谷(翔平)が先にメジャーに行ったことも重なり、雄星は私の指導力の至らなさや経験不足で、遠回りさせたのではないか」という後悔だった。大谷の活躍がうれしいからこそ、雄星を心配する思いは一層深くなった。違う高校の経験豊富な指導者なら、もっと適切なアドバイスができたかもしれない。今さら言っても仕方ないと、分かっていても悔やんでしまう。指揮官の心がようやく救われた瞬間が雄星のマリナーズ入団会見だった。

Thank you for my family and amazing wife Rumi, my friends, my high school coach and my mentor Mr. Sasaki for supporting me every day.

(家族、素晴らしい妻瑠美、友人たち、高校時代の監督であり恩師の佐々木先生に、日々支えてくれたことを感謝したい)

佐々木監督は耳を疑ったという。

「会見で名前が出たときは驚きでした。日本じゃなくて、世界に向けて、誰も分からない私の名前を挙げてくれた。驚きと感動。普通なら『携わってくれた指導者に感謝します』でいいじゃないですか。外国人の記者相手に『おい、佐々木って誰だよ』って話ですよ。私のことなんて出さなくていいのに…。ありがたかったですね。本当にありがたい。こんなに幸せなことはないですよ」とほほ笑んだ。

球団決定前は「岩手で育った雄星は大都市の球団じゃない方がいい。たとえ最初に活躍できなくてもマスコミに叩かれないような穏やかな地域。本人にとっては日本人の先輩選手が所属しない球団がいいと思う。影響を受けやすい性格ですから。まあ、親心ですね」と語っていたが、マリナーズについては「日本人選手の

あの日の涙 恩師佐々木洋監督が10年の封印を解く

扱いに慣れている球団だし、イチロー選手がいるのが大きい。人の懐に入るのが上手な雄星だから、きっとたくさん教わると思いますよ」と喜んだ。「イチロー選手は哲学者。それに選手生活の晩年なのがいい。もし現役バリバリだったら、自分のことに集中したくて、相手にしてもらえないかもしれないけれど、晩年を迎えた今だからこそ、培ってきた技術や経験を教えてくれるのではないか。あいつ(雄星)は必ず入っちゃうだろうなー。イチロー選手から最もかわいがられる3人に入りますよ。雄星本人も日本人選手のいない球団がいいと話していたけれど、イチロー選手なら話は別。そうでしょう?」と、確信するような口調だった。

日本人選手が同僚にいることは、チームにとけ込む上で利点のように思われるが、佐々木監督は全く別の視点から指摘する。「学ぶ姿勢が強く、影響を受けやすい雄星だからこそ、唯一無二の存在となり、雄星が雄星らしくさらに進化した新たな自分が作れる日本人選手がいない球団で、誰もやっていないことを目指してほしいじゃないですか」

高校卒業時を振り返り「雄星の方が大谷よりも大リーグへの気持ちは強かった。もちろん大谷が弱いっていう話じゃない。でも雄星の時は口が裂けても、メジャーなんて言えない時期だった。あの時、我々も数多く批判されたけれど、よっぽどの覚悟がなければ言えないですよ。我々は卒業文集にプロ野球選手になりたい、と書いたけれど、今の子どもたちは『メジャーに行きたい』と書く。彼らは子どもたちの夢を変えた。その意味で、私にとって2人とも新渡戸稲造です」と最大級の賛辞を贈った。

晴れ晴れと話す指揮官だが、雄星との歩みは苦労の連続だった。特に日米20球団を巻き込んだドラフト騒動については黙して語らず、ずっと心の奥底に封印してきた。高卒メジャー挑戦に最も近かった当時の雄星と大谷。その2人が心酔する指揮官にしか分からない苦悩の日々があった。

マリナーズ入団の舞台裏

「最近出たくないんですよね。私の話は必要ないですよ」

花巻東高グラウンドの監督室。佐々木監督は取材当日まで駄々をこねていた。「そもそも自分が育てたとか、そういう考え方が嫌いなんですよ。

プロ野球志望届を提出し、記者会見に臨む＝2009年10月5日、花巻東高グラウンド

逆に言えば、自分の指導力不足で、どれだけ多くの選手たちを育てることができなかったか。それを忘れてコメントなどできない。だって雄星なんて、どこの高校に行っていてもプロ野球選手になっていますよ」

取材に応じたくないと文句だらけの監督をよそに、こちらが席に着くと、女子マネジャーが温かいコーヒーをそっと差し出してくれた。それが花巻東流。追い返せばいいのに、なぜか歓迎スイッチ発動。「（うちの監督が）面倒をお掛けして、本当にすみません」と心の声が聞こえた気がした。

マリナーズ入団が決まると、報道各社から所感を求める問い合わせが殺到した。彼は万感の思いを込めて、愛弟子に次のような言葉を贈った。

「高校時代、彼の本当の夢に対して最後に重い扉を閉めさせたのは私だったような気がする。指導力不足で少し遠回りさせてしまったが、やっと描いた夢のスタート地点に到着し、苦労も失敗もたくさんすると思うが、これ以上ない素晴らしい日本人の先輩がいるチームで、多くを学び、頑張ってほしい。岩手の人間が海を渡って後輩と対戦するその姿は、岩手の子どもたちに大きな夢を与えるに違いない」

「マリナーズ入りは事前に知っていたんですか？」と質問すると、思いがけない言葉が返ってきた。「雄星の電話が海外からで、着信も非通知。だから、ずっと出なかった。雄星は『マスコミ発表前に伝えなきゃ』って年末にバンバン電話をくれていたけど、完全無視ですよ。エージェントからは球団が絞られたとか、報告メールはもらっていました。でも、こっちは留守番電話のメッセージさえ聞いてない。『監督が電話に出ないんだけど…』って、雄星からコーチにまで電話が来たそうです。結局、私にとっては報道が先でした。まったく笑い話ですよね」

２０１８年12月上旬には雄星と一緒に食事に出かけたという。「２億何千万円もらってようが、教え子だから一切ごちそうにならないと決めていましたが、その時だけは。雄星のお父さんや、野球部長と一緒にごちそうになりました。あいつは律儀なんですよ。こっちは何もしていないし、逆に迷惑ばっかりかけたのに…」と感謝した。

心をよぎるのは、いつも後悔だった。「私にとって初めてのプロ野球選手が雄星で、しかもドラフト1位。強豪校の指導者なら育て方も分かってい

大勢の報道陣に囲まれ、進路明の会見をする雄星と佐々木監督（左）＝2009年10月25日花巻東高

あの日の涙　恩師佐々木洋監督が10年の封印を解く

て、もっと近道できたのにと今でも思います。うちみたいなところに来ちゃって、(当時34歳で)私も若かった。ドクターと同じで経験が大事なのに、1回目の『手術』が雄星ですよ。うまくいく訳がない。罪悪感しかないですね」ときっぱり。きっと、それが本心なのだろう。

「一番うれしかったのは、うちのヘッドコーチの鎌田(茂)さんが勤務先を定年退職した時、雄星が西武ドームに夫妻を招待してくれたこと。登板して勝って、ふぐ料理に連れて行ってくれたそうです。鎌田さんだけじゃなくて奥さんまで、というのが雄星らしいですよね。人が良すぎて、いろんなものを吸収しようとして、逆に遠回りしたけれど…」。一番うれしいのが自分ではなく、ヘッドコーチの話というのもどうかしているが、この指揮官あっての愛弟子雄星だろう。

日本かメジャーか

「雄星が重い扉をむちゃくちゃ押して開いたら、思った以上に風が強かった。私もちょっと怖くなって。当時はICレコーダーまで持ち歩いていましたから。いやー、扉も重かったけれど、風がきつすぎて思わず閉じちゃった」

笑っているのに、心は泣いていた。

09年秋、雄星が「メジャーに興味がある」と宣言すると、球界に激震が走った。いろんな人から電話が来た。「どうなるか分かっているのか」「プロ野球をなめてんのか」「勘違いしているんじゃないか」。プロ球団がそんな卑劣な脅しをするわけがない。部外者なのか、誰なのか。国外流出を阻止する圧力に怯える日々だった。

春の東北大会準々決勝で仙台育英を相手に完投勝利＝2008年6月14日、山形県・天童スポーツセンター野球場

「何をされるか分からない。ドラフトではじかれると思いましたね。花巻東の今後の選手にまで影響する」の言葉が不気味に響く。

「とにかく毎日胃が痛くて、仕方なく病院にも行きましたよ。診断結果ですか?……ええ、ただの食べ過ぎ。食べてすぐ寝ちゃ駄目だって先生に怒られました」と、からから笑った。まさかの冗談に絶句するしかない。深刻に語る自分自身に耐え切れず、思わず笑いを求めてしまう厄介な性分。それが佐々木洋という男だった。

ドラフト騒動の始まりはプロ志望届だった。佐々木監督はこう証言する。

「あの時、たとえ雄星がメジャーを希望する場合でも日本高野連に対して、プロ志望届を提出しなければならないルールだった。高野連にも確認しました。最初は『メジャーに行ってもいいよ』と言われて、ただし、日米どちらでも志望届が必要だとアドバイスを受けた。出さないと、米国側の球団とも会えない。当然提出したけれど、まだ日本とメジャーどちらとも決まっていなかった」

進路を決めかねていた雄星はとりあえずプロ志望届を提出しなければ、ドラフト指名の対象外になる。職業選択の自由という観点から考えると、不思議なルールだ。そもそもドラフト自体が戦力均衡などの目的で、好きな球団に行けるとは限らない制度だが、そのルールは「プロ野球に入りたい人」だけに適用されるべきだろう。大リーグに挑戦したい高校生がなぜ「プロ志望届」を提出しなければならないのか。メジャーとの交渉に関して、日本球界側に権限があるはずがない。つまり、それは誰も想定していない事態だった。

日本球界は、高卒有望選手がプロ野球の誘いを蹴るなんてあり得ない、直接大リーグを目指すわけがない、と信じていたのだろう。一方で、事情を知らない人たちは「プロ志望届を出しながら、大リーグと面談とは何だ」「最初から出さなければいい」と見当違いな批判を展開していた。

大谷の時も状況は同じだった。ドラフト前にメジャー希望を宣言したが、当然プロ志望届は提出していた。

1.国内12球団との面談を終え、記者団の質問に答える雄星＝2009年10月17日、花巻市・花巻東高　2.雄星との面談を終えた米大リーグ・ヤンキースのスカウト＝2009年10月20日、花巻東高　3.甲子園での雄星の投球に熱い視線を送るスカウト陣＝2009年8月12日

だから国内球団は強行指名できた。現行ルールで夢をかなえるには、指名される側の高校生が「私はメジャー志望です。どうか国内球団は私を指名しないでください」と訴えなければならない。ドラフトで交渉権を持つ球団が決まった上で「やっぱりメジャーに行きます」などと言えるだろうか。矢面に立つのは18歳の若者だ。

佐々木監督は「日本とメジャーの両方に対し、失礼なことはしたくなかった。これだけの日本人がメジャーに行き、子どもたちもメジャーを目指す時代、今後はプロ志望届とメジャー志望届を分ける必要があるかもしれない」と語る。確かにその通りだろう。

日米20球団と面談

「メジャーか、日本かを決めるのは本当に大変だった。甲子園の後に国体出場もあったし、雄星の進路はそれが終わってから。ずるずると遅くなってしまった」という。さらに騒動に拍車をかけたのが日米20球団との面談だった。

「20球団と毎日会ったら、20日かかる。日本高野連からは『全球団と公平にやった方がいい』と、アドバイス

あの日の涙 恩師佐々木洋監督が10年の封印を解く

をいただいた。もちろん高校生だから授業も疎かにできない。それで放課後に面談し、1球団30分間で区切ろうという話に落ち着いたんですよ。それなのに世間は『米国から来るのに30分間ってどういうことだ』と許してくれない。あらゆる方面からアドバイスを頂きながら進めていたのに…。期限が迫る中で、どうすればいいのか。もう生きていくのがどんどんつらくなりましたね」

まさに孤立無援。ある国内球団はドラフト指名しないのに、日本球界入りを要請したという。プロ野球、メジャーリーグはそれぞれの立場から対応を求めてきたが、それらをまとめる調整役は不在。佐々木監督は「みんなバラバラの思惑との板挟み。私が仕切っていると思われたり…本当に大変でした」とぽつり。嫌気が差すのも当然だろう。

雄星は09年10月25日、記者会見を開き、米挑戦を断念すると発表した。未練を断ち切るように「悔いはない。今は日本ですべてを出し尽くすことだけを考えたい」と語り、会見終了間際には感極まり、涙を流した。

同席した佐々木監督の胸中は複雑だった。「雄星に『(メジャー挑戦を)やめようぜ』とは言わないけれど、

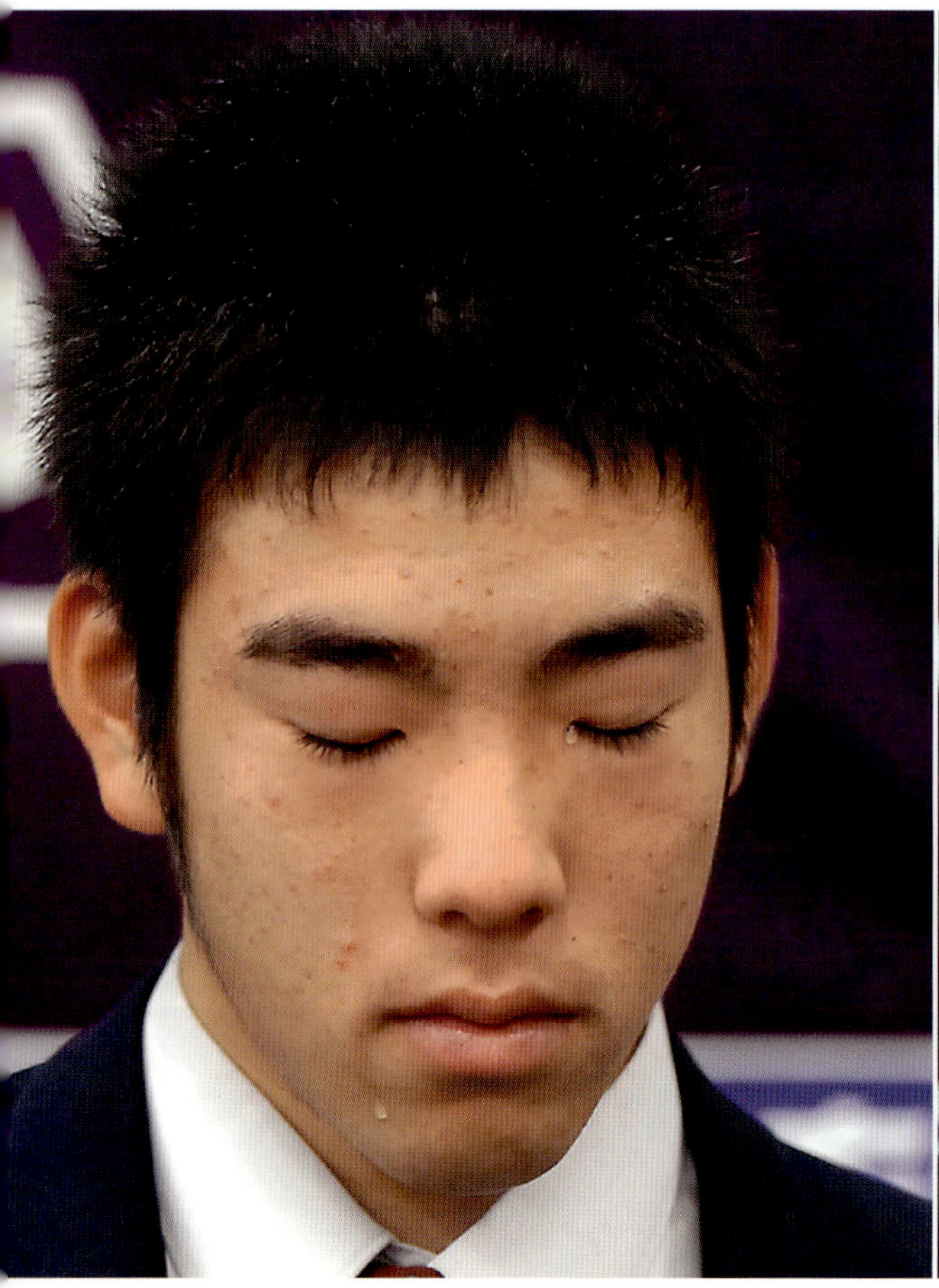

心の中で、これで行かれたら大変だな、とは思っていました。あの会見で、まさか雄星が涙を流すとは思っていなかったけれど、それを見ていたら、ひょっとして夢を壊したのは自分かな…と考えさせられました。雄星は優しいから、こっちが何も言わなくても察知しちゃうんですよ。あの時の涙に、ずっと申し訳ない気持ちがあって、そこに大谷が続いたから、今度は『ヤリが降ってきたって構わない。全部受け止めるから。大谷、メジャーに行くのであれば、行ってもいいんだ』と強く言えました。もう後悔したくなかったんです」

ドラフト狂騒曲

ドラフトを巡る騒動の当事者となった佐々木監督がまず指摘したのは、ともに高卒でメジャー挑戦を目指した雄星と大谷の米国行きを巡るシステムの違いだった。「大谷の時は選手獲得資金の制限があって(高卒で行っても)上限1億円ほどのシステムだった。だからメジャー側も『こんな金額で、大谷はそもそも来ないだろう』と静観していたけれど、雄星の時は無制限だった。だからメジャー側は本気で獲りに来た。過熱してま

したね、雄星の方が」と証言する。

　当時は日本よりもメジャーの方が真剣だったという。「日本は（ドラフト指名の末）抽選だからというのもある。グラウンドでは、日本のスカウトよりもメジャーのスカウトを目にしました。本人と接触できないけれど、日本球界の文化を守りながら何度も来てくれた。いろんな人が雄星には来ていましたね。当時ドジャースのスカウトだった小島（圭市）さんは雄星が1年生の時から来て、状態が落ちた2年生の時も見続けてくれた人です。3年生になると甲子園での活躍で、さらに球団が増えました」と振り返る。

　佐々木監督は「正直、当時は米国でもいいかなと思っていたんです」とつぶやく。日米20球団が参加した面談で「メジャーは雄星に選んでもらいたくてプレゼンに懸ける真剣さが違った。映像を次々見せられて、球団GMが画面越しに『ハイ、ユーセイ』って語り掛けてくるんですよ。驚きました。一方、国内球団はドラフト次第だから、プレゼンしても意味がない。正直言って『雄星、メジャーに行きたければ行け』って。だから、大谷の『メジャーに行きたければ行け』とは理由が違うんですよ」と力を込めた。

国内プロ野球志望を表明した会見終了間際に、感極まり涙を流す

　「雄星の時はあれだけマスコミに叩かれたから、もっと静かな環境で野球をやらせてあげたかった。そういう思いでメジャーに行けです。大谷に対しては、パン1枚を食べて過ごすマイナー生活が嫌だったら、もっとハングリーになれると思ったからです。大谷は（即戦力ではなく）体ができる22、23歳ごろから出てくると思っていたし、メジャーはそもそも勘違いできるような環境じゃない。結果的にファイターズを経由し、あれで良かったと思うけれど、あの適応能力ですよ。高卒時点で挑戦していたら、もっと早く出てきたかもしれない。そんなことを考えたりもします」
　雄星との思い出に話を向けると、「2年生の春だったかな。雄星は真っすぐだけで通用しちゃうから、そろそろ打たれないと駄目だって練習試合に行きました。失敗から学ぶことが多いから。帝京高に20点取られましたね、雄星。かわいそうだけど、投手交代しなかったんですよ。本塁打4、5本打たれました。試合後に相手側から『監督が不在で、選手たちが伸び伸びやってしまって、すみません』と謝られたほどです。でも、どこかでシメシメって喜んでいる自分がいた。失敗すればするほど、雄星は進化する男ですから」と楽しそうに語った。
　「私は160キロを投げたことがないので、正直教えることがない。だからミーティングを大事にしていたんですが、雄星はそれを楽しみにしていてくれた。お金や時間をどう使うべきかという『投資』の話をするんです。その考え方をどこかに残してくれているのがうれしいですね。そういう部分を吸収してくれた。逆に吸収力が邪魔をするというか、プロ選手になると、いろんな人が違った目的で寄ってきて接してきたがる。雄星の時は、そういう仕組みまで教えられなかったけれど、大谷にはアドバイスができました」
　あえて意地悪な質問をぶつけてみた。「彼ら2人に慢心はないだろう。どんな困難も克服する力があると信じていたなら、過保護だったのではないか」と問い掛けると、佐々木監督は「うーん、そうかもしれないですね。『盆栽』って枝の伸びる方向を決めて、針金をかけてあげないと駄目なんですよ…」と突然、話は飛んだ。まずい。まさかの趣味「盆栽」につながってしまった。完全に間違っ

埼玉西武ライオンズがドラフト1位で交渉権を獲得。チームメートに担がれガッツポーズする雄星＝2009年10月29日、花巻市・花巻東高

たボタンを押したことを悔やんだが、もう遅い。佐々木監督は野球指導がうまく行かない時期に、盆栽や石を集める趣味を始めていた。「選手はなかなか描いた通りに育たないけれど、植物は文句も言わず育ってくれる」とグラウンド脇でせっせと花を育てたり、監督室に石を飾り「河原で拾いました。これはいい石ですよ。どうですか」と鑑賞を勧めることも一度や二度ではない。自画自賛していた石は、お師匠さんに「これはない」と駄目出しを食らい、窓から投げ捨てたという逸話だけが語り継がれている。

　指揮官はお構いなしに突っ走る。「盆栽と一緒で、自主性と強制のマッチングが大切なんですね。盆栽の先生からもよく言われてしまうんですよ。『早く針金取ってやらないと、（木が）痛がってる』って。過保護だったかな…でも、それも親心なんですよね」と遠い目をしている。盆栽と針金で語られる指導哲学を知ったら、メジャーリーガー2人も驚くに違いない。

　話題を変えるには「夢と目標の違いは何か？」と問うのが一番だ。盆栽おじさんは急に真面目な表情になった。「選手にはこう言うんです。夢はかなわないぞって。目標に切り替えないと駄目だって。夢を描くことは大事だけど、目標には計画がついている。デッドリフト何キロとか、球速何キロという数値目標と、いつまでに達成するかという期限。『なれたらいいな』じゃ駄目なんです」

　「雄星はこう言っています。『信じる』という漢字は『人』に『言う』と書くけれど、周囲に宣言するのが、夢をかなえる一番のテクニックだって。宣言すると、もう逃げられなくなるから。能力だけで、夢はかなわない。雄星は自分にもチームメートにも厳しかった。練習の追い込み方が半端じゃない。不必要なものには一切投資しないから、高校時代は本当に私服ゼロ。穴が開いていても気にしない。ひどい時は鼻血を出しながら投球練習してました。『おい、鼻血が出てるぞ』って注意しても、雄星はケロっとして『大丈夫です。あと5球ですから』って。怖いですよ。モワモワって変な湯気というか、異様なオーラが出ていましたから」

雄星と大谷

　次第に熱を帯びる話。指揮官は懐かしい記憶をたどっていた。

あの日の涙 恩師佐々木洋監督が10年の封印を解く

「雄星にはずっと人を大事にしろと伝えてきたけれど、人が良すぎて誘いを断れないから、夜中でも人に連れ回されたりしちゃう。大事にしたいという思いが完全に裏目に出ていますね。その反省があったから、大谷には野球に集中できる環境を整えたかった。ファイターズの栗山（英樹）監督に外出禁止を相談したのもそうです。チームの先輩から飲みに誘われることもあるでしょう。新人だから断りにくい。でも誰と一緒に外出するのか、監督に申告するんだから、無理に連れ回そうとは思わない。コメントもそう。模範回答で面白みがないし、記者泣かせとも言われるけれど、彼はアスリートなんだから。それも雄星を育てる中で学ばせてもらったことです」

「大谷は雄星のデータと経験があったから育てられたんです。筋力的な数値がこの水準まで来ると、球速がこうなるとか。そういうデータが分かっていたから、160キロという目標設定ができた。だから、いい加減に160キロじゃない。計算したら出ちゃうんですよ、160キロ。夢だけじゃなくて、実は根拠がある。雄星が残してくれたデータのおかげです」と明かした。「大谷自身も気付いていないかもしれない。実は目標達成シートだって、雄星が書いたものを見せて指導しているんだから、よく見れば、同じような項目がある。本人も知らないところで、エキスというか、我々のデータや失敗の経験が生かされているんです」

プロ初勝利のウイニングボールを佐々木監督（右）に贈る雄星。「直接渡したかった」という思いに師弟の絆を感じる＝2011年7月4日、花巻市

　常に比較される雄星と大谷だが、指揮官の中で2人は不可分な存在なのだろう。雄星がいたから大谷がいる。そう考えると、監督が繰り返した「悔い」や「遠回り」という言葉は正確ではない。この10年で彼自身が経験を重ねたからこそ、若かった自分に厳しい目を向けてしまうだけだ。27歳でメジャーに挑戦する雄星の歩みは、決して遅くない。潜在能力を信じるからこそ、自らの指導力不足を責めてしまうのだろう。

　夏にも第1子が誕生すると公表した雄星からこんなメールが届いたという。

「必要であれば、拡声器や車いすも差し入れしますので、なんとか18年後まで監督業をよろしくお願いします。笑」

　男の子なのだろうか。シアトルで育てて花巻東高に入学させる気だ。それに佐々木監督が応える。

「酸素マスク、車いす、拡声器、薬用養命酒の準備をお願いします。とりあえず、左利きにしてください！二刀流にします。県外はダメだけど、国外は大丈夫です。シアトル第二小学校、シアトル北中学校からの花巻東高校！楽しみにしています」

　幸せな師弟関係だ。

　携帯電話の文字が躍る。こちらまで温かい気持ちになった。

　あの頃、雄星を守り抜こうと誰よりも悩み続けたのは彼だ。

　まだまだ言えないことも、書けないこともある。

　取材を続けて10年、断言できるのはこれだけだ。

　恩師佐々木洋の存在なしに雄星は語れない――。

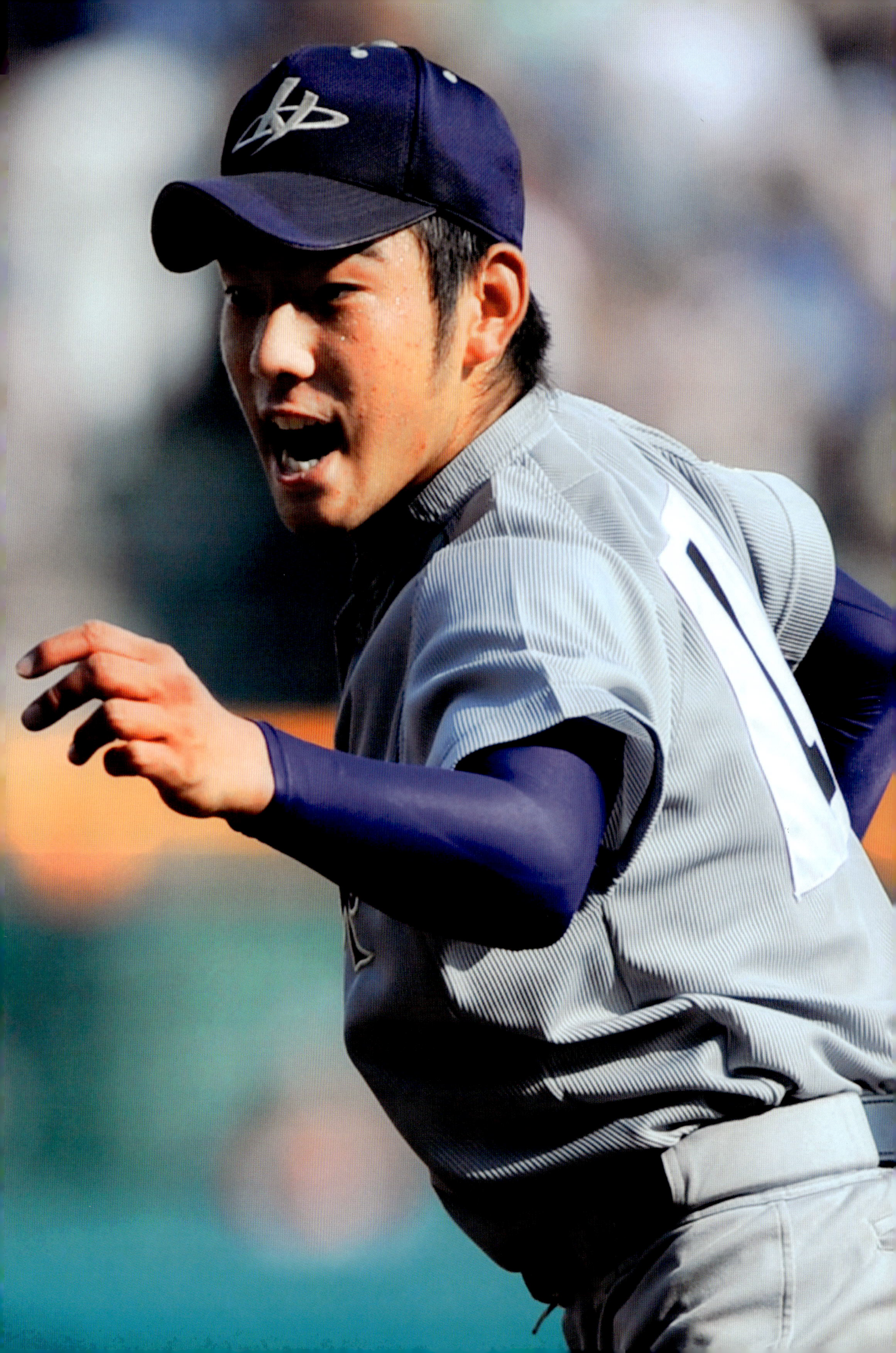

2009年甲子園

春夏の激闘

２００９年、花巻東の甲子園での活躍が岩手県民の心を揺さぶった。大船渡以来25年ぶりのセンバツ白星で快進撃は始まり、エース菊池雄星の力投と堅守で県勢未到の決勝進出。東北初の優勝旗は逃したが、春４勝は「１００年分」の歓喜を古里にもたらした。

「最弱県」返上の快進撃

県民にとって奇跡のような春だった。県内出身選手だけで編成した花巻東は、春夏通じて東北勢初の甲子園制覇まであと一歩に迫った。清峰（長崎）との決勝は０―１の好勝負。第56回大会で４強入りした大船渡を超える春４勝の快進撃は、岩手の野球史を変える新たな一歩となった。

09年４月２日午後２時26分―。無念のゲームセットに選手たちの熱い涙がこぼれた。１、２回戦を連続完封し県勢初の決勝進出の立役者となったエース雄星は「準優勝は『自分たちに日本一は

本気で狙った日本一

1回戦

鵡川—花巻東

2009年3月25日(開始11時35分、観衆9,000人)

	1	2	3	4	5	6	7	8	9	計
鵡川(北海道)	0	0	0	0	0	0	0	0	0	0
花巻東(岩手)	0	0	2	2	0	0	1	0	×	5

■鵡川

		学年	打	得	安	点	振	球	犠	盗	失	1	2	3	4	5	6	7	8	9
⑧	阿部智	3	4	0	1	0	1	0	0	0	0	遊ゴ			三振			中飛		右安
⑥	宮本	3	3	0	0	0	3	0	0	0	0	三振			三振			三振		
6	高西	3	1	0	0	0	1	0	0	0	1									三振
①7	西藤	3	3	0	0	0	0	0	0	0	0	ニゴ			ニゴ			ニゴ		
1	石井	3	0	0	0	0	0	0	0	0	0									
⑦17	柳田	3	3	0	0	0	2	0	0	0	0		遊ゴ			三振			三振	
7	新藤	3	0	0	0	0	0	0	0	0	0									
③	森	3	3	0	0	0	2	0	0	0	0		三振			三振			一直	
⑨	阿部康	3	2	0	0	0	0	1	0	0	0		中飛			ニゴ			四球	
⑤	三上	3	2	0	0	0	0	0	0	0	0			右飛			一ゴ			
5	管野	3	0	0	0	0	0	0	0	0	0									
H	山田	3	1	0	0	0	1	0	0	0	0									三振
②	岩谷	2	2	0	0	0	0	0	0	0	0			遊ゴ			ニゴ			
2	小林	3	0	0	0	0	0	0	0	0	0									
H	高地	3	1	0	1	0	0	0	0	0	0									左安
④	萩中	3	2	0	0	0	1	0	0	0	0			三振			一ゴ			
4	中斉	3	0	0	0	0	0	0	0	0	0									
H	久野	3	1	0	0	0	1	0	0	0	0									三振
	計		28	0	2	0	12	1	0	0	1									

■花巻東

		学年	打	得	安	点	振	球	犠	盗	失	1	2	3	4	5	6	7	8
④	柏葉	3	4	2	0	0	0	1	0	1	0	遊直		死球	一ゴ		遊併		遊ゴ
⑧	佐藤涼	3	2	2	1	0	0	2	0	1	0	遊ゴ		三安	四球			四球	
⑥	川村	3	3	0	2	2	1	0	1	1	0	一安		三振	右安			投ギ	
⑤	猿川	3	4	0	2	1	0	0	0	0	0	右安		遊ゴ	左飛			左2	
②	千葉	3	4	0	2	1	0	0	0	0	0	二安		右2		遊ゴ		遊ゴ	
③	横倉	3	4	0	0	0	0	0	0	0	0	二飛		捕邪		遊ゴ		中飛	
⑨	佐藤隆	3	4	0	1	0	0	0	0	0	0		二飛		遊ゴ	右2			一ゴ
①	菊池	3	4	0	1	0	1	0	0	0	0		遊ゴ		左2		三振		遊失
⑦	山田	3	3	1	2	0	0	0	1	0	0		中飛		投安		一安		三ギ
	計		32	5	11	4	2	3	2	3	0								

投手成績

鵡川	回	打	投	安	振	球	失	責
西藤	5	25	87	9	1	2	4	4
柳田	1	3	8	1	1	0	0	0
石井	2	9	32	1	0	1	1	1

花巻東	回	打	投	安	振	球	失	責
菊池	9	29	113	2	12	1	0	0

(鵡)西藤、柳田、石井—岩谷、小林　(花)菊池—千葉
◇審判(球)池、古川、南谷、遠藤
◇試合時間　1時間38分

●二塁打／千葉＝三回、菊池＝四回、佐藤隆＝五回、猿川＝七回●残塁／鵡2、花8●併殺／鵡1(宮本—萩中—森)柏葉＝六回、花0●暴投／西藤＝三回

まだ早い』と野球の神様がくれたものだと思う」と涙をぬぐいもせず、甲子園の空を見上げた。08年大会まで岩手県のセンバツ通算成績は4勝13敗で、都道府県別成績で全国ワースト2位。甲子園で対戦が決まると相手が喜ぶ「最弱県」の屈辱を、花巻東の大健闘が吹き飛ばした。

初戦で優勝候補の一角とされた強打の鵡川《むかわ》(北海道)を5—0で下して県勢25年ぶりの春1勝。準々決勝の南陽工(山口)、東北対決となった準決勝の利府(宮城)はともに逆転勝ちだった。完勝ができ、接戦でも強さを発揮した。

チームは大会前から常に「日本一を本気で狙う」と言い続けてきた。全国制覇の結果だけではない。練習姿勢や礼儀、あいさつ、チームワーク。そのすべてが彼らの目指す「日本一」だった。元気、全力疾走、カバーリング。佐々木洋監督は「誰でもできることを確実にやる。それが練習の質を高める」と言い続け、選手を鼓舞した。

最速150キロを誇った屈指の左腕雄星だけでは勝ち上がれなかった。機動力と堅守というチーム一丸でつかんだ準優勝。甲子園で見せた勝利への執念は「日本一」だった。

甲子園から帰った選手を拍手の嵐が待っていた。揺れる人波。09年4月3日の準優勝報告会には市民ら約1600人が駆けつけた。「よくやった」ではなく「ありがとう」の言葉が胸にしみた。佐々木監督は「学校も花巻市も超えて、自分たちは岩手から応援されていたんだと実感した」と振り返る。

準々決勝

南陽工 ― 花巻東

2009年3月31日(開始11時1分、観衆16,000人)

	1	2	3	4	5	6	7	8	9	計
南陽工(山口)	0	0	3	0	0	0	0	0	0	3
花巻東(岩手)	0	1	0	0	0	0	3	1	×	5

■南陽工

		学年	打得安点振球犠盗失	1	2	3	4	5	6	7	8	9
⑤	目代	2	310011000	中飛		四球		左飛			三振	
⑧	竹重	3	412210000	三振		中3			二ゴ			中安
⑨1	中川	3	200121100	三振		中ギ			三振			四球
⑦	国弘	3	400010000		投ゴ	三ゴ			三振			二ゴ
R	中村	3	000000000									
③	高木	3	300020000		三振		三振			投ゴ		
2	田中	3	100010000									三振
②3	水井	3	302001000		中安		中飛			三安		死球
⑥	山崎	3	401010000		一ゴ		左安			三ゴ		三振
④	河村	2	310000002			三失		中飛			投ゴ	
①	岩本	2	100000100			投ギ		二直				
H9	佐内	3	100010000								三振	
			計29353103202									

■花巻東

		学年	打得安点振球犠盗失	1	2	3	4	5	6	7	8
④	柏葉	3	311102010	二飛	右安		死球		一ゴ		死球
⑧	佐藤涼	3	412000100	左安		投ゴ	三ゴ			投安	投ギ
⑥	川村	3	201002110	四球		左安		二ゴ		捕ギ	四球
①5	猿川	3	412201000	死球		遊飛		二ゴ		中本	左安
③	横倉	3	411011000	三振		死球		二失		中安	中飛
②	千葉	3	400000000	左飛		一ゴ		左飛		右飛	
⑤	佐々木大	2	100001001		左飛		四球				
1	菊池	3	201110000						三振	左2	
⑨	佐藤隆	3	310001000		二失		遊ゴ		四球	一ゴ	
⑦	山田	3	300010100		三ギ		遊ゴ		三振		投ゴ
			計3058438321								

投手成績

南陽工	回	打投安振球失責	花巻東	回	打投安振球失責
岩本	7	35120 7 3 6 4 3	猿川	5	1961 3 4 1 3 1
中川	1	6 21 1 0 2 1 1	菊池	4	1553 2 6 2 0 0

(南)岩本、中川―水井、田中　(花)猿川、菊池―千葉
◇審判(球)三宅、橘、小谷、浜田
◇試合時間　1時間55分

●本塁打／猿川1号②(岩本)=七回●三塁打／竹重=三回●二塁打／菊池=七回●残塁／南4、花12●併殺／南0、花0●暴投／中川=八回

2回戦

明豊 ― 花巻東

2009年3月29日(開始9時1分、観衆16,000人)

	1	2	3	4	5	6	7	8	9	計
明　豊(大分)	0	0	0	0	0	0	0	0	0	0
花巻東(岩手)	0	0	2	1	1	0	0	0	×	4

■明豊

		学年	打得安点振球犠盗失	1	2	3	4	5	6	7	8	9
⑨	平井	3	502030000	右安		三振		右安		三振		三振
④	砂川	2	200020200	三振		三振		投ギ		投ギ		二ゴ
H	鈴木	3	100000000									
⑤15	今宮	3	401010000	右安		三振		一ゴ		二ゴ		
⑧	河野	3	401010000	遊飛			三振		左安		遊邪	
②	阿部	3	301001000	一ゴ			四球		二ゴ		中安	
⑦	松本	3	401020000		三振		左飛		三振		遊安	
①	野口	3	101000000		中安							
5	木森	2	100000000				左飛					
1	山野	2	200010000						三振		一ゴ	
③	畑田	3	200011100		投ギ			投ゴ		四球	三振	
⑥	篠川	2	402010001		三振			左安		捕安		遊ゴ
			計33090122301									

■花巻東

		学年	打得安点振球犠盗失	1	2	3	4	5	6	7	8
④	柏葉	3	311001000	右2		死球	二ゴ		遊ゴ		
⑧	佐藤涼	3	210011100	三ギ		遊失		四球		三振	
⑥	川村	3	301211000	三振		中安		四球		左飛	
⑤	猿川	3	300010100	三振		投併		投ギ		二ゴ	
②	千葉	3	400020000		右飛		投ゴ	三振			三振
③	横倉	3	412100000		二ゴ		右安	右安			一ゴ
⑨	佐藤隆	3	200012000		三振		四球	三ゴ			死球
①	菊池	3	401000000			二ゴ	左安		左飛		二ゴ
⑦	山田	3	311110000			遊安	二ゴ		三振		
			計2846475200								

投手成績

明豊	回	打投安振球失責	花巻東	回	打投安振球失責
野口	2 1/3	1142 2 3 1 2 2	菊池	9	38147 9 12 2 0 0
今宮	1 2/3	1037 3 0 3 2 2			
山野	4	1445 1 4 1 0 0			

(明)野口、今宮、山野―阿部　(花)菊池―千葉
◇審判(球)古川、窪田、堅田、小谷
◇試合時間　2時間4分

●二塁打／柏葉=一回●残塁／明11、花7●併殺／明1(今宮―篠川―畑田)猿川=三回、花0●暴投／菊池=四回

「準優勝は『自分たちに日本一はまだ早い』と野球の神様がくれたものだと思う」

(2009年4月2日、春のセンバツ決勝で惜しくも敗れたが、東北勢初の甲子園制覇まであと一歩のところまで迫った)

「最後まで自分が信じたのは直球だけ。負けるときは真っすぐだと決めていた。
夏を投げ抜く体力をつけて、必ず甲子園に戻ってくる」

決勝

清峰―花巻東

2009年4月2日（開始12時32分、観衆27,000人）

	1	2	3	4	5	6	7	8	9	計
清　峰（長崎）	0	0	0	0	0	0	1	0	0	1
花巻東（岩手）	0	0	0	0	0	0	0	0	0	0

■清峰

		学年	打得安点振球犠盗失	打率	1	2	3	4	5	6	7	8	9
⑤	屋久	3	402000000	.381	左安		右安		中飛		右飛		
⑧	冨永	2	300000100	.063	一ギ		遊併		一ゴ			遊併	
②	川本	3	300010100	.176	三ギ			中飛		三ゴ		三振	
③	山崎	3	401000001	.333	捕邪			二失		三ゴ		中安	
①	今村	3	401010000	.412		三ゴ		遊安		右飛		三振	
⑦	辻	3	301011000	.357		四球		三振			二ゴ		遊安
⑨	吉田	3	300010100	.200		右直		三振			三飛		捕ギ
④	嶋崎	3	311001000	.353			三失		左安		四球		中飛
⑥	橋本	3	201100200	.214			投ギ		投ギ		中2		遊ゴ
		計	2917142501	.287									

■花巻東

		学年	打得安点振球犠盗失	打率	1	2	3	4	5	6	7	8	9
④	柏葉	3	401000001	.263	三ゴ		一ゴ			右飛		一安	
⑧	佐藤涼	3	202002000	.429	死球		中安			四球		二安	
⑥	川村	3	300001000	.313	四球		左飛			二ゴ		三邪	
⑤	猿川	3	400010001	.263	三ゴ			二ゴ			一ゴ		三振
②	千葉	3	300021000	.158		二ゴ		死球			三振		三振
①	菊池	3	301011000	.333		三振		二併			四球		中安
③	横倉	3	402000000	.300		右安			三ゴ		遊ゴ		遊安
⑨	佐藤隆	3	300000000	.188		投ゴ			捕ゴ			中飛	
H	佐々木大	2	100000000	.000									左飛
⑦	山田	3	301010000	.286			三振		遊ゴ			左安	
		計	3007055002	.273									

投手成績

清峰	回	打投安振球失責	花巻東	回	打投安振球失責
今村	9	35123 7 5 5 0 0	菊池	9	36124 7 4 2 1 1
	防御率	0.20		防御率	0.68

(清)今村―川本　(花)菊池―千葉
◇審判(球)長谷川、野口、池、三宅
◇試合時間　1時間54分

●二塁打／橋本＝七回●残塁／清8、花8●併殺／清1(嶋崎―橋本―山崎)菊池＝四回、花2(佐藤隆―横倉)＝二回、(川村―柏葉―横倉)冨永＝三回

準決勝

花巻東―利府

2009年4月1日（開始13時20分、観衆15,000人）

	1	2	3	4	5	6	7	8	9	計
花巻東（岩手）	0	0	0	0	1	2	0	2	0	5
利　府（宮城）	0	0	2	0	0	0	0	0	0	2

■花巻東

		学年	打得安点振球犠盗失	1	2	3	4	5	6	7	8	9
④	柏葉	3	502100000	三安		投ゴ		二ゴ		中安	左飛	
⑧	佐藤涼	3	401010100	一ギ		三振		三失		二ゴ	遊安	
⑥	川村	3	501020000	二ゴ			三振		二ゴ	中安	三振	
⑤	猿川	3	411001000	二ゴ			右安		一失	二併		四球
③	横倉	3	411010100		捕ゴ		三振		右飛		右安	三ギ
②	千葉	3	421011010		三振		中飛		左安		四球	二飛
⑨	佐藤隆	3	412011000		左3			中安	死球		三振	遊ゴ
①	菊池	3	201300200		遊ゴ			一ギ	中安		投ギ	
⑦	山田	3	200001100			二直		捕ギ	三ゴ		四球	
		計	34510464510									

■利府

		学年	打得安点振球犠盗失	1	2	3	4	5	6	7	8	9
②	遠藤	3	412210001	三振		右本		左安		遊ゴ		
⑧	藤原	2	200011110	三振		四球		投ギ			中飛	
③	馬場	3	200012001	四球		三振		四球			一ゴ	
⑨	井上	3	400020001	三振		二ゴ		遊ゴ			三振	
⑥	桜田	2	400010000		中飛		二ゴ		中飛			三振
⑤	湯村	3	402000001		三ゴ		右2		遊ゴ			右安
R	渡辺	3	000000000									
⑦	加藤秀	3	200000000		遊ゴ		右飛					
7	布施	3	200010000						三振			遊併
④	佐藤裕	2	210001000			四球		三直		遊ゴ		
①	塚本	3	101000100			三ギ		右安				
1	高橋	2	100000001							中飛		
1	加藤大	3	000000000									
		計	2825274215									

投手成績

花巻東	回	打投安振球失責	利府	回	打投安振球失責
菊池	9	34136 5 7 4 2 2	塚本	5 2/3	2674 6 4 1 3 0
			高橋	1 2/3	1032 3 1 2 2 0
			加藤大	1 2/3	7 21 1 1 1 0 0

(花)菊池―千葉　(利)塚本、高橋、加藤大―遠藤
◇審判(球)日野、堅田、若林、小谷
◇試合時間　1時間53分

●本塁打／遠藤1号②(菊池)＝三回●三塁打／佐藤隆＝二回●二塁打／湯村＝四回●残塁／花11、利5●併殺／花1(川村―横倉)布施＝九回、利1(佐藤裕―桜田―馬場)猿川＝七回●捕逸／遠藤＝八回

2009年甲子園
春夏の激闘

準優勝旗を掲げ甲子園を一周する花巻東の選手たち＝2009年4月2日

花巻東―利府　6回裏の利府の攻撃を抑え、雄たけびをあげる先発の雄星＝2009年4月1日

第91回全国高校野球選手権大会

東北勢初の春夏4強

そして夏―。花巻東は「岩手のために勝つ」と執念を見せた。初戦はセンバツ優勝校の清峰を地方大会で下した長崎日大（長崎）に8―5で逆転勝ちし、春の雪辱を果たした。2回戦は佐々木監督がコーチ修業した横浜隼人（神奈川）との「師弟対決」を制し、3回戦は東北（宮城）との「みちのく対決」だった。準々決勝の明豊（大分）戦は敗戦濃厚の九回4―6から同点に追いつき、延長戦で逆転勝ち。驚異的な粘りは、全国の野球ファンの感動を呼んだ。

エースが覚悟の11球

中京大中京（愛知）との準決勝は厳しい戦いだった。0―3とリードされた四回裏2死満塁。花巻東の雄星が投じた139キロの外角球は左翼線にはじき返された。懸命に飛び込んだ外野手の先で打球が弾む。背番号1は次々生還する相手をぼうぜんと見つめた。走者一掃の3点三塁打で0―6。ぱらつき始めた甲子園の雨が失意の左腕を包んだ。

「これ以上、引き離されるわけにいかなかった」と佐々木監督は語る。背筋痛で「呼吸しても痛みが走る」というエースをやむなく救援登板させた場面だった。「この仲間のためだったら、投げられなくなっても構わない」。岩手の剛腕の悲壮な覚悟も知らず、4万6千人が詰め掛けた甲子園が揺れる。「待ってました」と大歓声が沸き上がった。

初球のスライダーが外れると、小学校時代からバッテリーを組む捕手千葉祐輔はすべてを悟った。雄星が試合前「大丈夫。先発でも行ける」と語ったのは、チームを安心させるための優しい嘘だ。「肩への負担が少ないスライダーでかわすしかない」と気遣う千葉のサインに、エースは首を横に振った。この日唯一の直球が痛打された。

雄星の11球。スライダー9球、フォーク1球、直球1球。それは県勢90年ぶり夏4強とともに語り継がれるに違いない。全5試合に登板し3完投を含む32回1/3を投げ、27奪三振、防御率2・51。肩、ひじの張り、そして背筋痛。甲子園初戦から違和感に苦しんだ445球の熱投だった。

エースが万全だったら優勝にも手が届いただろう。だが不調だからこそ、チームが結束し信じられない粘り強さを発揮できたのかもしれない。背番号1は「この仲間がいなかったら、甲子園で勝てなかった。花巻東に入って本当によかった。負けた悔しさはあるが、悔いはない」と涙で声を詰まらせた。球場全体が花巻東を応援するかのような不思議な光景を何度、目にしたことだろう。

春夏4強以上は東北勢初の快挙。花巻東はその年の秋、県民栄誉賞を受賞した。花巻東フィーバーは高校野球の枠を超え、県民を一丸とさせた社会現象だった。

1回戦

長崎日大 ― 花巻東

2009年8月12日（開始16時 03分、観衆43,000人）

	1	2	3	4	5	6	7	8	9	計
長崎日大（長崎）	0	1	0	0	0	2	1	1	0	5
花巻東（岩手）	0	0	0	0	0	2	2	4	×	8

（崎）大瀬良、寺尾、大瀬良―本多晃　（花）菊池―千葉
◇審判（球）藤野、浜田、尾崎、中田、西貝、鈴木　◇試合時間 2時間24分

■長崎日大

		学年	打得安点振球犠盗失	1	2	3	4	5	6	7	8	9
④	島袋	2	501000000	右安		三ゴ			三ゴ	ニゴ		中飛
⑧	小柳	3	411110100	投ギ		三ゴ			三ゴ		左本	三振
⑥	小瀬戸	3	310011001	一ゴ			ニゴ		死球		三振	
②	本多晃	3	413200000	遊ゴ			左安		左本		中安	
⑦	高尾	2	401010000		三ゴ		三振		一邪		右2	
⑨	前原	2	311000000		投ゴ		ニゴ			投安		
1	寺尾	3	100000000								投ゴ	
9	岡村	2	000000000									
③	山田	3	412110000		左本			三振		左安	ニゴ	
①91	大瀬良	3	200000101		一ゴ			ニゴ		一ギ		
H	坂本	3	100010000									三振
⑤	長門	3	200100100			一ゴ		投ゴ		投ギ		
H	松尾	3	000001000									四球
		計	335 9 5 5 2 3 0 2									

■花巻東

		学年	打得安点振球犠盗失	1	2	3	4	5	6	7	8	9
④	柏葉	3	411101010	左飛		投ゴ			四球	中安	遊ゴ	
⑧	佐藤涼	3	411010000	三ゴ			三ゴ		三安	三振		
⑥	川村	3	300000100	一ゴ			一ゴ		投ギ	投ゴ		
⑤	猿川	3	412100000		ニゴ		左安		一ゴ		中安	
③	横倉	3	311101000		遊直		二飛		右2		死球	
②	千葉	3	311010100		左安			三振	遊ゴ		投失	
⑦	佐々木大	2	413300000		三ゴ			中安		左安	中2	
R9	佐藤隆	3	010000000									
①	菊池	3	311010110			遊ゴ		三振		一安	投ギ	
⑨7	山田	3	200110200			遊ゴ		三振		投ギ	三ギ	
		計	30 8 10 7 4 2 5 2 0									

●本塁打／山田1号①（菊池）本多晃1号②（菊池）小柳1号①（菊池）●二塁打／横倉＝六回、高尾＝八回、佐々木大＝八回●残塁／崎6、花5●併殺／崎0、花0●暴投／大瀬良＝六回

投手成績

	回	打	投	安	振	球	失	責
大瀬良	6 1/3	27	107	7	3	1	4	4
寺尾	2/3	5	19	2	1	1	2	2
大瀬良	1	5	11	1	0	0	2	0

	回	打	投	安	振	球	失	責
菊池	9	38	118	9	5	2	5	5

2回戦 横浜隼人 ― 花巻東

2009年8月17日（開始 17 時 14 分、観衆34,000人）

	1	2	3	4	5	6	7	8	9	計
横浜隼人（神奈川）	0	0	0	1	0	0	0	0	0	1
花巻東（岩手）	1	0	0	0	0	0	2	1	×	4

（隼）飯田、萩原、今岡―船木　（花）菊池―千葉
◇審判（球）田中、浜田、宅間、日野、南谷、野口　◇試合時間　1時間58分

■横浜隼人

		学年	打得安点振球犠盗失	1	2	3	4	5	6	7	8	9
⑤	森	3	411110001	三ゴ			左本		三振			三ゴ
⑧	与那覇	3	301001000	二ゴ			二ゴ			左安		四球
②	船木	3	402010000	左安			左安			遊併		三振
③	大野	2	300000000		二ゴ		二飛			三ゴ		
④	徳永	3	300010000		一ゴ			三振			投ゴ	
⑨	山口	3	300000000		二ゴ			左飛			右飛	
⑦	菅原	3	100010000			三振						
7	細野	3	200010000					三振			一直	
⑥	菅野	2	301010000			投ゴ			三振			右安
①	飯田	2	100010000			三振						
1	萩原	3	100010000						三振			
1	今岡	2	100000000									遊ゴ
	計		2915181001									

■花巻東

		学年	打得安点振球犠盗失	1	2	3	4	5	6	7	8	9
④	柏葉	3	411200000	三ゴ		三ゴ		二飛		左本		
⑧	佐藤涼	3	210012010	四球		四球		三直		三振		
⑥	川村	3	411000000	中飛		一ゴ		右飛			中安	
⑤	猿川	3	302100100	中安		右安			中飛		投ギ	
③	横倉	3	401000000	投ゴ		一邪			遊飛		左安	
②	千葉	3	401100000		二ゴ		一ゴ		中飛		右安	
⑦	佐々木大	2	401010000		投ゴ		中安			三振	三併	
7	山田	3	000000000									
①	菊池	3	302000000		中安		補邪			中2		
⑨	佐藤隆	3	310000000		二ゴ		遊ゴ			三失		
	計		314942210									

●本塁打　森1号①（菊池）柏葉1号②（萩原）●二塁打／菊池＝七回　●残塁／隼2花6●併殺／隼1（森―大野）佐々木大＝八回、花1（川村―柏葉―横倉）船木＝七回

投手成績

	回	打	投	安	振	球	失	責
飯田	2 2/3	13	45	3	0	2	1	1
萩原	4	15	48	3	1	0	2	0
今岡	1 1/3	6	25	3	1	0	1	1
菊池	9	30	124	5	8	1	1	1

2009年甲子園
春夏の激闘

3回戦 東北 ― 花巻東

2009年8月20日（開始 14 時 54 分、観衆 41,000人）

	1	2	3	4	5	6	7	8	9	計
東北（宮城）	0	0	0	0	0	1	0	0	0	1
花巻東（岩手）	0	0	1	1	1	0	0	1	×	4

（東）佐藤、清原―薗部　（花）菊池―千葉
◇審判（球）堅田、浜田、三宅、若林　◇試合時間　1時間51分

■東北

		学年	打得安点振球犠盗失	1	2	3	4	5	6	7	8	9
⑧	佐野	3	401010000	遊ゴ		三振		三安		遊ゴ		
⑦	菊地	3	401000000	中安		三ゴ		二ゴ			遊失	
④	国島	3	301000100	右飛			二安		三ゴ		投ギ	
②	薗部	3	300010101	三ゴ			投ギ		三振		三ゴ	
⑤3	伊藤航	3	311021000		三振		死球		左2		三振	
③	大場	3	200010001		三振		捕ゴ					
5	桐生	3	201100000						右安			二ゴ
①	佐藤	3	301010000		中安		中飛		三振			
1	清原	3	000000000									
H	阿部	3										三振
⑨	大庭	3	300010000		一ゴ			三振		左邪		
H	鈴木翔	3	100000000									一失
⑥	篠塚	3	400010000			二ゴ		一ゴ		二ゴ		三振
	計		3316191202									

■花巻東

		学年	打得安点振球犠盗失	1	2	3	4	5	6	7	8	9
④	柏葉	3	400110000	三ゴ		三振		一ゴ		三ゴ		
⑧	佐藤涼	3	311011010	三振			死球	遊安		中飛		
⑥	川村	3	300020101	三振			投ギ	三振			一ゴ	
⑤	猿川	3	401010000		右飛		三振		右安		一ゴ	
③	横倉	3	211101101		投ゴ		遊安		投ギ		死球	
②	千葉	3	402100000		右飛		左安		一ゴ		左安	
⑦	佐々木大	2	310020000			一失	三振		三振			
9	佐藤隆	3	100000000								二ゴ	
①	菊池	3	200000100			一ギ		三ゴ		左飛		
⑨7	山田	3	313100010			左安		一安		左安		
	計		294847232 2									

●二塁打／伊藤航＝六回●残塁／東8、花6●併殺／東1（薗部―篠塚）＝三回、花0●暴投／佐藤＝八回

投手成績

	回	打	投	安	振	球	失	責
佐藤	7 2/3	33	118	8	7	2	4	2
清原	1/3	1	3	0	0	0	0	0
菊池	9	36	125	6	9	1	1	1

準々決勝　花巻東 — 明豊

2009年8月21日（開始 11 時 00 分、観衆 27,000人）

	1	2	3	4	5	6	7	8	9	10	計
花巻東（岩手）	0	1	0	3	0	0	0	0	2	1	7
明豊（大分）	0	0	0	0	1	2	0	3	0	0	6

（花）菊池、猿川－千葉　（明）今宮、野口、山野、今宮－阿部
◇審判（球）三宅、岸、池、藤野　◇試合時間 2時間49分

■花巻東

		学年	打得安点振球犠盗失	打席結果（1～⑩回）
④	柏葉	3	412112000	死球・・三ゴ 中安・・三振・・四球・・三安
⑧	佐藤涼	3	400000200	投ギ・・投ゴ 投飛・・遊ゴ・・二ゴ・・一ギ
⑥	川村	3	612100011	投ゴ・・一失 左飛・・二ゴ・・右安 中安
⑤1	猿川	3	411022010	三振・・三振・・四球・・四球・・中安 一ゴ
③	横倉	3	423210110	・・右安・・左2 二ギ・・三振・・中安・・
②	千葉	3	211012100	・・四球・・三安 四球・・三振・・投ギ・・
⑦5	佐々木大	2	411120100	・・投ギ・・遊安 二併・・三振 三振・・
①7	菊池	3	100100100	・・二ゴ・・一ギ・・
H7	斉藤	3	100000000	・・二ゴ・・
9	佐藤隆	3	201010000	・・左安 三振・・
⑨7	山田	3	302100000	・・投ゴ・・左安・・捕安・・
H	柴田	3	000000100	・・捕ギ・・
7	佐々木康	3	100000000	・・二ゴ
	計		36 7 13 7 8 6 7 3 1	

■明　豊

		学年	打得安点振球犠盗失	打席結果（1～⑩回）
⑨	平井	3	512000000	一ゴ・・一直・・遊ゴ 中安・・左安・・
④	砂川	2	411000110	遊ゴ・・遊ゴ・・右安 左飛・・一ギ・・
①51	今宮	3	411001000	中飛・・捕ゴ・・二飛・・中2 四球・・
②	阿部	3	310022000	・・三振・・四球 四球・・三振 右飛・・
⑦	寿	3	412211000	・・三振・・左安 右安・・死球 左飛・・
⑧	河野	3	311201100	・・三ゴ・・右ギ 四球・・右2・・右飛
③	松本	3	100010001	・・三振・・
3	木森	2	301201000	・・遊飛 左飛・・左2・・四球
R	鈴木	3	000000000	・・
⑥	篠川	2	500010000	・・二邪・・二飛・・三振 遊ゴ・・二飛
⑤	稲垣	1	100010000	・・三振・・
1	野口	3	000000000	・・
1	山野	2	301010000	・・遊安 遊ゴ 三振・・
5	沼口	3	000000000	・・
H	才巻	3	100000000	・・二ゴ
	計		37 6 9 6 7 6 2 1 1	

●二塁打／横倉＝四回、今宮＝八回、河野＝八回、木森＝八回●残塁／花12、豊9●併殺／花0、豊1（砂川―篠川―木森）佐々木大＝五回●暴投／猿川2＝六回、七回

投手成績

	回	打	投	安	振	球	失	責
菊池	4 2/3	16	67	1	4	1	1	1
猿川	5 1/3	29	97	8	3	5	5	5

	回	打	投	安	振	球	失	責
今宮	3 1/3	18	60	5	2	2	4	4
野口	1	6	19	1	0	2	0	0
山野	4	18	59	5	4	2	2	2
今宮	1 2/3	7	21	2	2	0	1	1

「仲間のためだったら、もう一生野球ができなくなっても投げたかった」

（2009年8月23日、夏の甲子園準決勝で背筋痛を押して救援したが、わずか11球で涙の降板）

「この仲間がいなかったら、甲子園で勝てなかった。花巻東に入って本当によかった。負けた悔しさはあるが、悔いはない」

準決勝　花巻東 — 中京大中京

2009年8月23日（開始13時29分、観衆 46,000人）

	1	2	3	4	5	6	7	8	9	計
花巻東（岩手）	0	0	0	0	0	0	1	0	0	1
中京大中京（愛知）	1	0	0	5	1	2	1	1	×	11

（花）吉田、猿川、菊池、猿川－千葉　（中）堂林、森本－磯村
◇審判（球）長谷川、池、西貝、古川　◇試合時間 2時間1分

■花巻東

		学年	打得安点振球犠盗失	打席結果（1～9回）
④	柏葉	3	301001010	四球・・中安・・右飛・・中飛・・
⑧	佐藤涼	3	300010100	一ギ・・二ゴ・・一ゴ・・三振・・
⑥	川村	3	400010000	一ゴ・・三振・・二ゴ・・三邪
⑤151	猿川	3	303001000	四球・・中安・・左安・・中安
③	横倉	3	411000000	三ゴ・・投ゴ・・左安・・一併
②	千葉	3	302000000	・・二ゴ・・左安・・右安・・
⑦575	佐々木大	2	300000000	・・三ゴ・・捕ゴ・・三併・・
①	吉田	2	100000000	・・一ゴ・・
7	斉藤	3	000000000	・・
17	菊池	3	100000000	・・右飛・・
9	佐藤隆	3	100000000	・・二ゴ・・
⑨7	山田	3	300000000	・・投ゴ・・投ゴ・・三ゴ・・
	計		29 1 7 0 2 2 1 1 0	

■中京大中京

		学年	打得安点振球犠盗失	打席結果（1～9回）
⑥	山中	3	421111000	四球・・三振 左安 三ゴ・・中飛・・
④	国友	3	221012100	投ギ・・投安 死球・・四球 三振・・
⑤	河合	3	523510000	投ゴ・・三振 左3・・左3・・右本・・
①7	堂林	3	402111001	左安・・三振 一ゴ・・四球・・右安・・
②	磯村	2	311220200	三振・・左本 三振 投ギ・・一ギ・・
⑦	伊藤	3	411111000	・・四球・・一ゴ 右本 三振・・二ゴ・・
1	森本	2	000000000	・・
③	柴田	3	412000100	・・投ギ・・中安 左安 捕飛・・右飛・・
⑨	金山	3	322111000	・・三振・・中安 四球・・右本・・
⑧	岩月	2	300010100	・・中飛・・捕邪 投ギ・・三振・・
	計		32 11 13 11 9 6 5 0 1	

●本塁打／磯村2号①（吉田）＝四回、伊藤1号①（菊池）＝五回、金山1号①（猿川）＝七回、河合2号①（猿川）＝八回●三塁打／河合2＝四回、六回●残塁／花4、中8●併殺／花0、中3（磯村―柴田）＝四回、（河合―国友―柴田）佐々木大＝七回、（柴田―山中）横倉＝九回●ボーク／猿川＝五回

投手成績

	回	打	投	安	振	球	失	責
吉田	3 1/3	17	62	5	5	2	4	4
猿川	1/3	3	5	1	0	1	2	2
菊池	2/3	4	11	2	1	0	1	1
猿川	3 2/3	19	56	5	3	3	4	4

	回	打	投	安	振	球	失	責
堂林	8	29	96	6	2	2	1	1
森本	1	3	9	1	0	0	0	0

オフは僕らの「雄星先生」

岩手の子どもたちへ　熱いメッセージ

夢を宣言して絶対にかなえようよ
野球はいつ成長するか分からない

地元岩手で初の野球教室を開き、投球フォームを指導する＝2010年12月23日、花巻市・富士大スポーツセンター

菊池雄星投手は毎年オフになると、野球教室などを開き、積極的に岩手の子どもたちと交流を重ねてきた。実技指導のほか、肩や肘のクリニックブースを設けているのが特徴だ。プロ入り後、左肩痛など故障に苦しんだ自身の体験を踏まえ「けがをせず、楽しく野球を続けてほしい」と願いを込める。

子どもたちの質問には常に真剣に答えた。中学校時代の体格が話題となると、「僕は中学入学時に身長160センチ、体重50キロでやせていました。そこから10センチぐらいずつ身長が高くなり、中学卒業時は181センチ。当時は同級生の倍くらい食べていました。今は体重100キロです」と説明。さらに「小さい頃から体が大きい子もいるけれど、大きい体だと、どうしても力でや

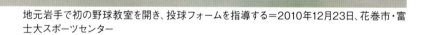

1.盛岡で開催した野球フォーラムで行われた野球ゲームでティーバッティングを披露する雄星＝2018年12月9日、盛岡市・盛岡タカヤアリーナ　2.ストラックアウトで制球力を競う子どもたち＝2018年12月9日　3.陸前高田市で開かれた講演会で中学生に目標達成へのアドバイスを伝え記念撮影に応じる雄星（中央）＝2017年12月7日、陸前高田市・第一中学校

る癖がついてしまう。しなやかさ、やわらかさが身につかない。高校に入って同級生と体格差がなくなってきた時、その癖が出て、うまく行かないこともある。だから感覚的なことを中学までに身につけるのがいいと思います。（成長期は）数カ月前とは違う自分になっている。自分の場合は身長が止まって急に球速が伸びた。中学2年まで120㌔出るか出ないかだったのに、中学3年になって一気に138㌔。成長が止まって、ようやく自分の体を正しく扱えるようになったんですね」と続けた。

当たり前の積み重ね

中学1年で花巻東高に入りたいと決意し、自分の体重を活用するトレーニングに力を入れたという。「高校生に負けない体を作ろうとした」と振り返った。当時は午後5時に部活が終わると、午後9時まで自主練習。「高校の練習メニューに取り組んでいて、全部終わるのに3、4時間はかかった。でも自分で決めて毎日やり続けました」と胸を張った。「プロ選手も特別なことはしていない、毎日当たり前のことを積み重ねられる選手が、1軍で活躍する。先輩たちを見てそう思いました」と、地道な努力の大切さを説いた。

花巻東高時代は「あいさつ、上下関係、日誌。最初は戸惑って習慣づけるのに3カ月かかった。月に1、2回は監督と相談して目標設定をしていた。それが今も役立っている。目標を立てたら、それを毎日見ることです。花巻東はランニングをしないので、自分としては助かった。ウエイト、体幹トレーニング、水泳と理にかなった練習方法を学ぶことができた」と感謝する。

「花巻東は120〜130人も部員がいるし、自分の言動はすべて、みんなが見ている。ベンチ入りメンバーが20人だとすれば、残り100人が入れない。そこでデータ班になった仲間は作戦を練り、配球を研究したりチームのために動いてくれる。僕はお菓子や栄養ドリンクを差し入れしたり…。大会は負けたら終わりでも、彼らは明日の試合の準備をしてくれる。それを無駄にしないためにも一生懸命取り組みました」と言葉を重ねた。

投球練習については子ども目線に合わせたアドバイスを送る。「軽く投げてストライクを取っても意味がない。8割じゃなくて、試合と同じ10割の力でどれだけ取れるか。軽く投げて練習すると癖になり、力を入れたい時に駄目になる。だから体ができるまでは、

ストライクが取れなくてもいいから、コントロールを気にせず強いボールを心掛けてほしい。（18年の本塁打王となった西武の）山川穂高選手も『三振してもいいから思い切り振る』と言っていました。スケールも大きな選手になってほしいですね」と期待した。

野球にも生きる国語

子どもたちへのメッセージとして挙げたのは▽夢を宣言する▽書かなければ忘れる▽いつ野球は成長するか分からない―の3点。「自分の夢は先生や仲間、親にぜひ伝えてほしい。そうやって自分を追い込み、絶対にかなえたいと強く願うことが大事。そして目標は必ずノートに書くようにしたい。野球は急にうまくなったり成長する時が来る。努力していれば、近づくことができる。中学、高校といつ伸びるのか分からないから、それを信じて野球をできるだけ長く続けてほしい」と激励した。

「子どもたちのために、国数英理社の5教科それぞれについて考え方、何を学んだかを教えてほしい」と質問すると、しばらく考えた末に理路整然と話した。

「国語は昔から本を読むのがすごく好きでした。相手が何を意図しているのか、作者が何を伝えたいのか。野球でもコーチがこの練習をなぜ指示するのか。冷静に考えて、相手のメッセージを理解するための教科だと思います。算数や理科は苦手だったけれど、こうすればこうなるという方程式に当てはめていく感覚がある。もちろん、（現実は）方程式通りに行かないこともあるけれど、大人になって、もっとやれば良かったと感じています」

「社会科の歴史は一番好きでした。何千年前から現在までの偉人や賢人の人生を学ぶことができる。こういう人が天下を取り、世界で活躍するんだと知り、自分に置き換えて勉強できるのが楽しかった。英語は今になって、やっておけば良かったと最も後悔しています。岩手にいると、外国人と接する機会がなかったし、世界で活躍するアスリートだって自分が聞く限りではいなかった。僕らの時代、特に子どもの頃は海外が遠い存在だったと思います。英語が話せなくても困らなかったし、まさか自分がこういう状況になるとは思ってもいなかった。でも、これからは絶対必要。英語ができれば、単純に日本語だけと比較して、情報量が倍になる。言語が増えるごとに情報が広がる。世界共通の言語ですし、やっておけばよかったなと思います」

2

3

4

1.花巻市で行われた野球教室で子どもたちを熱心に指導する雄星＝2018年12月2日、花巻市総合体育館　2.盛岡市で開催した野球フォーラムで動きも交え、投球フォームの解説をする雄星＝2018年12月9日、盛岡市・盛岡タカヤアリーナ　3.4.子どもたちと「ならびっこ野球」を楽しむ雄星（中央）＝2018年12月9日

asics
最新、最速。
GOLD STAGE
asics
ASICS Baseball
Twiitter

小学校低学年で「155キロを投げたい」
一日ご飯10杯を目標にした高校時代
野球ノートに書いた「親孝行」の文字

2018年11月10日　花巻市内の講演会

雄星を語る 父 菊池雄治さん

「今日は特別サプライズで、雄星が…」

「来ません。おやじの話で我慢してくださいね」

菊池雄星投手の父、雄治さん(59)は冗談めかして会場を沸かせて、語り始めた。花巻市PTA連合会の記念講演。巧みな話術で雄星の幼少期のエピソードを紹介し、ユニークな子育て論を披露した。

雄星の歩みを紹介する父雄治さん

雄星を語る　父 菊池雄治さん

8つの習い事

雄星は口が大きくて、よだれを垂らす「わらす」でした。これは胃が丈夫でいいぞ、なんて言われたものです。とにかくあちこち動き回る子どもで、いつも行方不明になって大騒ぎ。ひょうきんで、まともな写真がないんですよ。ちなみに雄星は2男2女の3番目。上から男、女、男、女。どうすれば、そんなに上手くいくんだって聞かれるけれど、コツは分かりません。長男長女が習い事をしていて、私たち2人(夫妻)は共働きでした。きょうだいがやっているので、「雄星もやるか?」と聞くと「うん、やる」って。飽きてみんな途中でやめてしまうけれど、全部やるって言うんです。金が掛かりましたね。

スクリーンには雄星少年が取り組んでいた「水泳」、「器械体操」、「バレーボール」、「野球」、「絵画教室」、「ピアノ」、「そろばん」、「書道」の文字が並んだ。

私たち親は何もしてやれなかったし、放ったらかしですよ。でも、習い事に行くと、先生たちが雄星たち教え子のことを一生懸命褒めてくれるんですよ。例えば、ピアノに行けば、「耳がいい」「音感がいい」って。最後まで上手いとは言われませんでしたね。きっと音痴でも大丈夫。独特のリズム感があるなんて褒めてくれたでしょう。習字に行けば「線が太くていい」「字に勢いがある」と褒められ、体操では「体が軟らかい」なんて言われて、気を良くして帰ってくる。周囲に褒められることで、その気になっていく。そういう面はあったと思います。人は褒められて育つのではないでしょうか。

失敗を叱っても仕方ない。本人は本人で一生懸命やっているんだから。私はバレーボールをやっていたけれど、野球は駄目。車の中

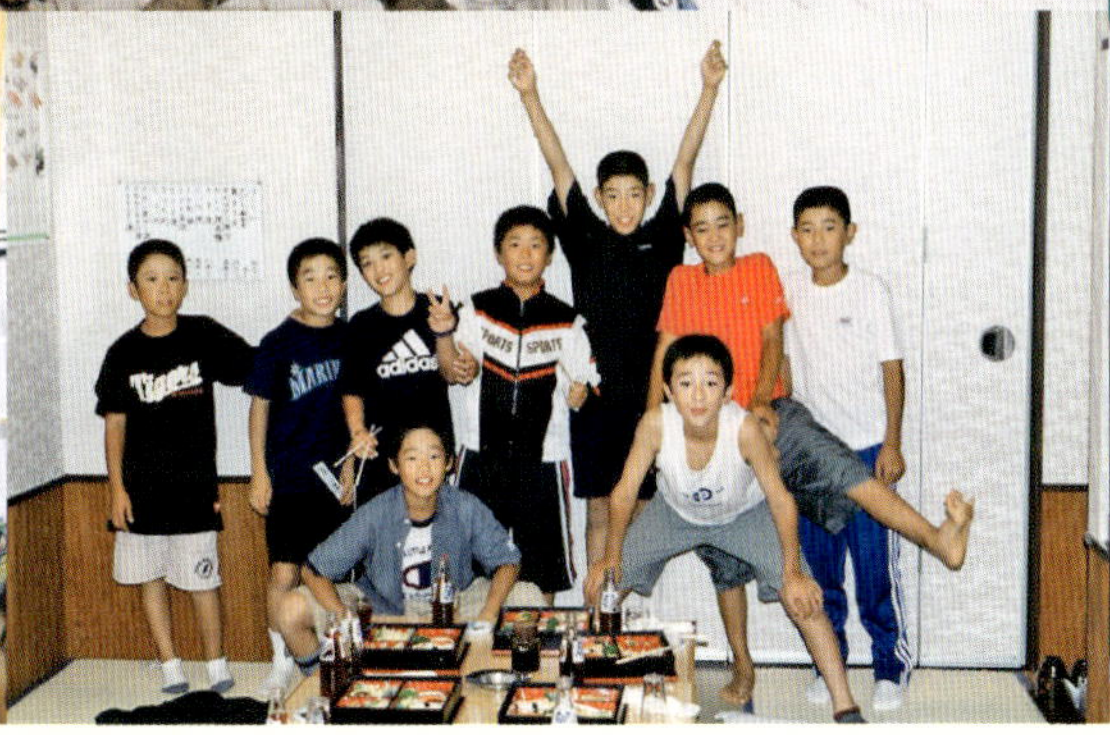

であの場面がどうだった、こうすれば良かったなどと言っても、雄星は「だって父さん、野球やってないじゃん。分からないでしょ」ってだけ。会話が終わってしまう。それからは「きょうはよく声が出ていたな」とか、そういう言葉を掛けるだけにしました。

野球との出合い

野球との出合いは小学校1年です。6年生に兄がいて、たまたま県大会で優勝できた。その様子を見て、やりたくなったんでしょうね。あの場面、この場面と頭にしっかりインプットされていました。小学校低学年のころはこんなことを書いています。「大きくなったら松坂みたいに155キロを投げたい」。これは幸いクリアしましたが、雄星自身は覚えていない。「そんなの書いた？」って言っていました。

当時はＪリーグが始まり、サッカーが人気だった時代。雄星は小学校3年から野球を始め、バレーボールは小学校1年から続けていました。（バレーは）娘がやっていて、最初は球拾いぐらいですね。少しずつ男子の人数が集まってきたので、じゃあ男子チームを作ろうかと盛り上がって、それでできたのが手代森アップルズです。

でも小学5年の春かな。バレーのチームは6年生が5人、小5は雄星だけでした。同級生がいなかったんです。一方で、野球は秋から自分たちの世代のチームになる。試合は小4から出ていましたが、雄星は車の中で泣きながら『野球がやりたい』って。それからは野球に専念。習い事は水泳を残して、ほぼやめることになりました。

野球では県スポ少新人大会で優勝。6年春にマクドナルド杯県大会で優勝し、初めて全国大会に出場しました。会場は（気温）34、35度あって、本当に暑くてげんなり。リリーフ登板しましたが、2—

10の大敗。全国大会で自分たちは「井の中の蛙」だったと知ったんですね。ちなみに、雄星はカエルが一番嫌いで、触ることもできません。

雄星は、この時のことを踏まえて、今は「負けて覚えたことがある」と講演会などで語っています。強い相手と対戦し、全国で身の丈を知る。目標は大切だけど、今、自分がどこにいるのか。現在地を知ることが大切だということです。カーナビと一緒ですね。今、どこにいるのか。自分はどこへ行きたいのか。それが分からないと頑張りようがない。

小学校の終わりごろから、硬式野球もあるよと言われて、盛岡東シニアに入りました。ちょうど、そのころですね。当時は学校の給食費を町内会単位で集金していました。担当の人が家に来たとき、母親の財布の中身が５００円しかなかったんです。母親が「すいません、また次でいいですか」と言うのをたまたま雄星が見たんですね。「このままでは家がまずい」とでも感じたのでしょうか。中学2年で「絶対にプロに行く」と言うようになりました。

■花巻東高時代

なぜ花巻東高か。中学1年で練習を見学して、その雰囲気に惹かれたようです。そして恩師である佐々木洋監督と出会います。甲子園では1年生の夏にリリーフ登板。当時の写真を見ると、スタンドがガラガラです。新潟明訓との対戦でしたが、当時はこんな感じだったんですね。高校で学んだことについて、雄星は「あいさつ・礼儀」「日誌・目標設定」「勉強」「監督」「仲間」などを挙げています。目標設定シートは大谷翔平君で有名になりましたが、雄星も書いていました。

雄星を語る　父 菊池雄治さん

勉強については子どもたちに向かってこう語っています。国語は人とのコミュニケーションに必要で、算数は「逆算力」に役立つ。目標から逆算してやるべきことを考える力です。理科は発想力を養うため、歴史は先人の生き様を学ぶために役立つと。英語は一番の後悔ですね。まさか本当に（大リーグに）行くと思ってないですから。

高校では朝昼晩でごはん10杯をノルマにしていたようです。寮生活だから、おかずに限りがあって、納豆やキムチと一緒に。「泣きながら食べていた」そうです。佐々木監督はいい言葉を残してくれる人です。卒業時に選手に一筆書いてくれるんですが、「万策尽きたとき、絶対に諦めないという名案がある」と。そして仲間ですね。でこぼこチームでしたが、選手の顔と名前が一致する、そんなチームでした。

「ノミの法則」という話があります。聞いたことがある人も多いと思いますが、ノミを瓶に入れてふたをすると、最初はピョンピョン跳んでいたノミが何度もぶつかって、瓶の高さしか跳べなくなるという話です。自分で限界を決めてしまう。じゃあ、どうすれば、また元気に跳ぶようになるのか。もう一回、仲間のところに戻してやればいい。また1メートル跳べるようになるんです。

佐々木監督は、こういう話を選手に教えているのでしょう。仲間って大事です。2009年春はセンバツ準優勝でした。（閉会式の写真を示し）とぼとぼ、とぼとぼ悲しい行進。せっかく準優勝したのに。それくらい悔しかったんですね。

センバツ後の花巻東には、こんな言葉が掲げられていました。「これからが本当の真価が問われる」。ところが、春の東北大会は初戦で八戸西（青森）に負けました。私も会場に行きましたが、朝からずっと雨が降っていました。本当に（試合を）やるのかと思いながら、球場に来ると、なぜか降ってない。チームもそう思っていたんじゃないかと思います。試合には間に合ったけれど、会場に遅れて来ていました。心の準備ができてなかったんですね。でも親としては正直ほっとしました。これでやり直せる。夏も期待できると思いました。今思えば、負けて良かったという試合です。

甲子園で思い出すのは、相手選手とぶつかって倒れた（佐藤）涼平ですね。涼平の母さんが私の前にいて、「大丈夫かな」と心配していました。そしたら、ベンチ裏に治療で引っ込んだ涼平がグラウンドに走って出てきたんです。あの瞬間、甲子園が揺れました。三塁側から波を打つように拍手が起こった。「これで勝ったな」と正直思いました。

■プロ野球生活

2009年秋のドラフト会議。スクリーンには、校長室でテレビを見つめる雄星や監督らの写真、西武の渡辺久信監督が交渉権獲得のくじを引き当てガッツポーズするシーンなどが映し出される。

交渉権獲得の紙、私も見ました。今もあります。でも職業選択の自由がある中で、ちょっと考えられないですよね。プロ野球は定員制。当時、新人6人が同期入団して、今は西武には雄星だけです。28、29歳が平均的な引退の時期と言われます。10年やったら御の字です。

プロ1年目はけがでした。陸上の五輪メダリストに言われた一言を雄星は大事にしています。「トレーナーさんに『治してあげたい』と思われる選手になれ」という言葉です。2年目のオフにはオーストラリアへ派遣してもらいました。現地の球場はほとんど多目的グラウンドみたいなもので、選手は自炊してプレーしている。雄星は「日本で当然と思っていたものが当然ではない。自分たちは恵まれている。彼らはストイックでハングリー。強い人はかっこいいが、

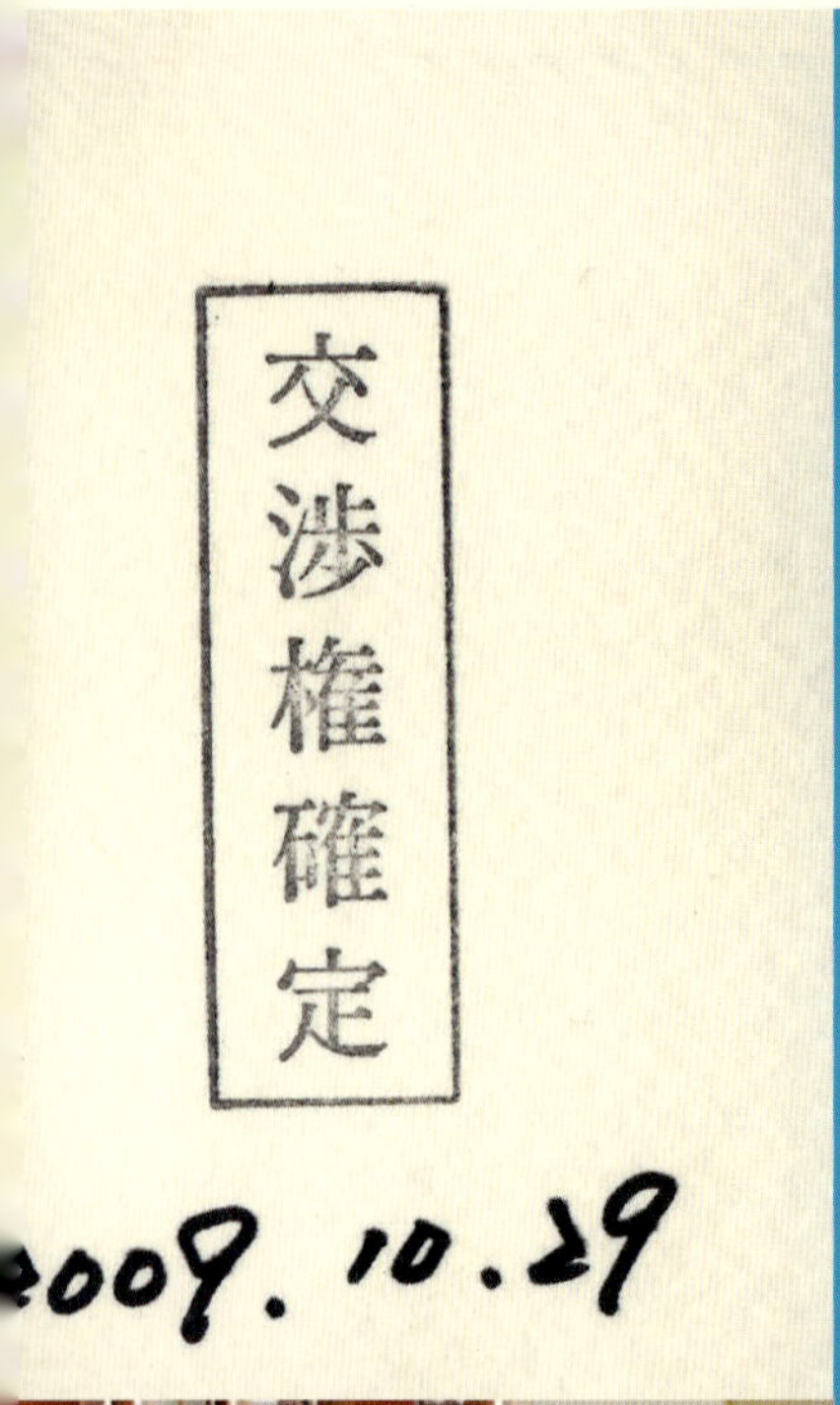

雄星を語る 父 菊池雄治さん

諦めない人はもっとかっこいい」と語っています。

そういえば、オーストラリアに行っている間に、雄星から電話が来たことがあります。私が出たら「母さんいる?」と言われ、「ああ、いるよ」と替わりました。そうしたら「マーボー春雨ってどう作るの?」って聞いているんですよ。国際電話で何の話かと思いましたね。ちなみに答えは「味の素」。おふくろの味が、袋の味に変わった瞬間でした。

出会いと支え

縦軸に努力の量、横軸に時間経過を示したグラフ。正比例で右肩上がりの直線と、緩やかに上昇する放物曲線が示される。

本当に大切なのは「腐らないこと」です。途中で腐りそうになっても正しいことをしていれば、誰かが見ている。本人がしっかりやってくれたと思います。(2本のグラフの同じ横軸上の点を取り、比例の直線が高い部分を示し)ここが頑張っているけれど、結果が出ない状態ですね。この落差、高さの幅に生まれるのが「諦め」や「不安」。途中で諦めない。結果が出る「先」まで頑張れるかが重要なんです。

雄星はこんなことを言っています。「一番になるには、一番つらい練習をする覚悟をすることだ。どういう思いで練習するかが大事で、目標は明確にする必要がある」と。具体的なイメージです。子どもたちにはこんな言葉を伝えているようです。

夢しか実現しない。夢に向かって好きなことをずっと続けてほしい。夢に大きいも、小さいもない。夢が変わることもある。

将来のエースへ!!
”運命を感じます”
埼玉西武ライオンズ
渡辺久信

夢を語る仲間がいることが大切。やるしかないという覚悟を持ち、「そうは言っても」は捨てる。それでも迷ったら、自分に正直に。

「ブーメランの法則」という話があります。仕事も人生も投げ掛けたものが返ってくる。投げ掛けないものは返ってこない。今、どんなブーメランを自分の未来に投げているのか。それをいつも忘れずにいたい、ということです。

雄星は野球ノートを毎日つけていました。プロに入ってもずっとです。最近ようやくやめたらしいですが、私たちが泊まりに行っても「30分だけは自分の時間を作りたい」と言って、部屋にこもって書いていました。ある時、そのノートを開いて見たんです。そしたら「親孝行」の文字。「いい奴だな、おまえ。頼むぞ」って思いましたね。

先生や指導者との出会い、支え、あるいはたった一言で人生が変わることがあります。人はいいことも悪いことも口から出してしまう。プラスもマイナスも言ってしまうことを「吐く(はく)」と書きますが、マイナスを言わないでプラスだけを言うと「叶う(かなう)」になります。あ、これは雄星じゃなくて、たぶん武田鉄矢さんの言葉です。

花巻東のトレーニングルームには、当時こんな言葉が掲げられていました。

今はもうないのかな。いい言葉なので最後に紹介します。

**心が変われば、地域が変わる。
地域が変われば、岩手が変わる。
岩手が変われば、日本が変わる。
日本を揺るがす岩手の侍。**

【2017年】	3月31日	2年連続で開幕投手を務めたファイターズ戦は7回1失点で辻発彦・新監督に白星をプレゼント。
	6月16日	交流戦の中日戦で7勝目。プロ8年目で節目の50勝を記録。
	7月14日	4年ぶり2度目の出場となるオールスター第1戦に登板。2回を3安打1失点。
	8月3日	楽天戦で自己最速となる158キロを記録。
	10月3日	自己最多の16勝目。楽天戦は8戦負けなしと圧倒し「最高の試合ができた。こういう試合を勝てたのが今年1年の成長」と胸を張った。
	10月14日	クライマックスシリーズ第1戦に初先発し、楽天に5安打9奪三振で完封勝利。
	10月17日	初の月間MVP（9、10月）を受賞。
	11月20日	パ・リーグ最多勝、最優秀防御率、ベストナインを受賞。表彰式で「来年こそ日本一」と誓う。
【2018年】	3月30日	3年連続で開幕投手を務め、白星発進。
	5月6日	左肩に張りを訴え出場選手登録抹消。
	6月1日	左肩の不調から復活の快投で6勝目。
	7月13日	初めてファン投票1位で選ばれたオールスター戦に先発投手として出場。2回3失点。
	8月31日	オリックス戦で3年連続の2桁勝利に到達し「いい意味で数字へのこだわりがなくなる。このまま優勝に向けて突き進む」と宣言。通算勝利数を本県出身投手最多の69勝（46敗）に伸ばした。
	9月28日	プロ入りから13連敗していたソフトバンクから初白星。「ソフトバンクに勝たない限りは、エースって呼ばれながらも本当の意味で認めてもらえない思いが強かった」。
	9月30日	プロ9年目で初のリーグ優勝に輝く。自身も14勝（4敗）を挙げ、10年ぶりの優勝に大きく貢献。「今年に懸ける思いは中途半端じゃないものがあったのでほっとしている」。
	11月26日	2年連続でベストナインに選出される。
	12月3日	大リーグ移籍のためのポスティングシステムの申請手続きを日本野球機構に行う。
【2019年】	1月3日（現地）	シアトル・マリナーズの本拠地Tモバイル・パークで入団会見

158キロ日本人最速左腕　菊池雄星の歩み

【1991年】	6月17日	盛岡市で生まれる。
【2000年】		見前小3年から見前タイガースに入り、当初は一塁手。
【2006年】		見前中時代は盛岡東シニアでプレー。投手に転向し、3年春に東北大会準優勝。東北選抜の一員に選ばれ全国大会準優勝に貢献。

花巻東高

【2007年】		花巻東高入学。第89回全国高校野球選手権出場。1回戦の新潟明訓戦にリリーフ登板し5回1失点。敗退したが、最速145キロをマーク。
【2008年】		高校2年。第90回全国高校野球選手権岩手大会は準々決勝敗退。秋季東北大会はベスト4。
【2009年】	3月	第81回選抜高校野球大会出場。初戦の鵡川(北海道)戦は最速150キロを記録し完封。2回戦の明豊(大分)戦も完封。準々決勝の南陽工(山口)戦は救援登板し逆転勝利。準決勝の利府(宮城)戦は2失点完投で勝利し、春夏通じて県勢初の決勝進出。決勝は清峰(長崎)に0－1で惜敗した。
	8月	高校3年。第91回全国高校野球選手権出場。1回戦の長崎日大戦、2回戦の横浜隼人(神奈川)戦に勝利。3回戦の東北(宮城)戦は154キロをマークし、8強進出。準々決勝は明豊と対戦。背筋痛で途中降板というピンチを乗り越え、延長十回の激闘を制した。準決勝は優勝した中京大中京(愛知)に1－11で敗れた。「この仲間とだったら、もう一生投げられなくなっても構わない」。
	10月25日	「日本一のピッチャーになってから世界に挑戦したい」と国内プロ志望表明。
	10月29日	プロ野球ドラフト会議で6球団が1位指名。くじ引きで西武が交渉権を獲得。

西　武

【2010年】	3月31日	2軍戦で公式戦初登板。
	5月4日	2軍戦で5回無失点に抑え公式戦初勝利。その後は左肩を痛めて実戦から遠ざかる。
【2011年】	4月12日	開幕戦から初の1軍登録。登板機会はなし。
	6月12日	1軍で初登板。阪神戦に先発し三回途中4失点。「プロに入ってからうまくはいかなかった。あの声援を聞いて報われた気がした」とファンに感謝。
	6月30日	オリックス戦でプロ初勝利。六回途中まで2安打2失点。帰郷して恩師にウイニングボールを贈る
	8月31日	盛岡市の岩手県営球場で登板。8回4失点でプロ初黒星
【2012年】	7月1日	開幕は2軍スタート。ファイターズ戦で1軍に昇格し先発。1軍では初の球速150キロをマーク。
【2013年】	3月30日	開幕1軍入り。ファイターズ戦で大谷翔平と初対戦し、2三振を奪う。
	4月13日	楽天戦でプロ初の完封勝利。
	7月19日	初の球宴選出。1回無失点。
	8月7日	前半戦9勝と好投していたが、左肩痛で登録抹消。
【2014年】	3月28日	背番号を16に変更し、開幕1軍入り。
	4月12日	大谷と初の投げ合い。6回3失点で黒星。
	7月13日	プロ入り後最速の154キロを計測。
【2015年】	5月30日	開幕1軍入りを逃し、4月末に昇格。5試合目の登板で今季初白星。
	9月13日	ロッテ戦で1軍戦左腕史上最速の157キロ。
【2016年】	3月25日	初の開幕投手を務め6回2失点。勝ち負けはつかなかったが、チームは白星発進。
	6月24日	フリーキャスター深津瑠美さんと結婚。
	8月26日	ファイターズ戦で自身初の2桁勝利。
	9月17日	楽天戦で勝利。右脇腹痛で一時戦列を離れたが、3年ぶりの完投も挟み10連勝。

【執筆者略歴】

村上　弘明（むらかみ・ひろあき）

盛岡一高―早大卒。映画のシナリオ学校に2年間通い、2000年岩手日報社入社。編集局整理部、釜石支局を経て運動部に07年10月から5年半在籍。花巻支局長も歴任した。菊池雄星投手が花巻東高時代に出場した09年春夏の甲子園を取材し、プロ野球西武の春季キャンプや公式戦を担当した。大谷翔平選手は高校1年時からプロ入りまでを取材。19年から特派員。これまで「花巻東激闘2009～本気で挑んだ日本一」、「大谷翔平　挑戦」（岩手日報社発行）の執筆を担当した。花巻東高の佐々木洋監督と同じ43歳。名古屋市出身。

斎藤　孟（さいとう・たけし）

一関一高―高崎経済大卒。2004年岩手日報社入社。編集局運動部、花巻支局、報道部、陸前高田支局長を経て18年4月から東京支社編集部。大谷翔平選手はエンゼルス入団会見や新人王獲得の18年シーズンを特派員として取材報道。菊池雄星投手のマリナーズ入団会見も現地シアトルから報じた。「大谷翔平　挑戦」も執筆。37歳。一関市川崎町出身。

YUSEI KIKUCHI
菊池雄星
the starting point
原点

初版　2019年3月15日発行

【企画編集】

岩手日報社　出版部長　小原　正明
　　　　　　整理部　　村上　弘明
　　　　　　東京支社　斎藤　　孟
　　　　　　出版部　　三上真紀子
　　　　　　　　　　　横田　真紀

【写　　真】 岩手日報社編集局

【写真協力】 菊池雄治さん

【発行所】 岩手日報社
〒020-8622　岩手県盛岡市内丸3-7

【印 刷 所】 山口北州印刷株式会社

◎アートディレクター　和野隆広（FANTA PEAK）
◎デザイナー　佐藤康造（FANTA PEAK）

ISBN978-4-87201-831-8